Alle Rechte liegen bei der Autorin
©Susanne Hottendorff
Fotos: Susanne Hottendorff
Fotos: Fotolia.com

www.susanne-hottendorff.com
www.beratungspraxis-kleeblatt.de

Bibliografische Information der Deutschen Nationalbibliothek. Die Deutsche Nationalbibliothek verzeichnet diese Publikation in der Deutschen Nationalbibliografie; detaillierte bibliografische Daten sind im Internet über http://dnb.d-nb.de abrufbar.

Herstellung und Verlag:
BoD - Books on Demand, Norderstedt
Printed in Germany

ISBN: 978-3-743141-72-8

Zeit für Entspannung

Anleitungen und Übungen

Nur die Ruhe in uns selbst lässt uns sorglos zu neuen Ufern treiben.

Adalbert Stifter

Susanne Hottendorff

Zeit für Entspannung

Anleitungen und Übungen

*Achte auf die Stille und bewahre sie,
denn sie bringt alle Träume des Menschen.*

Weisheit der Indianer

Inhalt	Seite
Vorwort Daniela Starke	9
1 Liebe Leserin, lieber Leser!	10
2 Wann uns Entspannung hilft Indikationen	12
3 Methoden zur Entspannung	23
3.1 Atemübungen	27
3.2 Achtsamkeitsübungen	32
3.3 Phantasiereisen	37
3.4 Schamanische Reisen	42
3.5 Der Zauberstab	45
3.6 Einen Anker setzen	48
3.7 Mentaltraining	51
3.8 Glaubenssätze	60
3.9 Meditation	66
3.10 Autogenes Training	73
3.11 Progressive Muskel Entspannung	87
4. Kontraindikationen	98
5. Übungen	99
5.1 Atemübungen	102
5.2 Achtsamkeitsübungen	111
5.3 Phantasiereisen	121
5.4. Übungen mit dem Zauberstab	140
5.5 Übungen zum Anker setzen	142
5.6 Mentaltraining - Übungen	144

5.7 Glaubessätze – auflösen	152
5.8 Meditationsübungen	155
5.9. Autogenes Training - Übungen	180
5.10 Progressive Muskel Entspannung - Übungen	194
5.12 Spezielle Übungen	212
Ein Wort zum Schluss	231
Die Autorin	233

Das höchste Gut ist die
Harmonie der Seele mit sich selbst.

Lucius Annaeus Seneca

Vorwort

Entspannung … in einer Welt, die immer vielschichtiger und schneller wird, die Fragen und Herausforderungen aufwirft, ist es wichtig, selbstbestimmt seine Wege zu wählen.

Überforderungen, schnelle Entscheidungen und auch seelischer und körperlicher Stress sind jedoch keine Seltenheit. Wir brauchen die innere Balance, brauchen die Entspannung genauso wie auch die Anspannung. Wir suchen nach Wegen zur Entspannung und zum inneren Frieden. Entspannung - heißt nicht Nichtstun, sondern dass jeder mit aktivem Steuern von Achtsamkeit das eigene Leben mit Leichtigkeit und Freude, mit unerschöpflicher Energie und Lebenslust füllen kann.
Achtsamkeit mit sich selber und mit seiner Umgebung, wahrnehmen der Sinne, damit beginnt die Entspannung.
Komme also mit auf eine Reise zur Entspannung, zu Dir selber, zu einem selbstbestimmten Leben. Sei in Balance.

Habe Spaß an Entspannung, an Achtsamkeit und an Deinem Leben.

Daniela Starke
Starke Auszeit

1 Liebe Leserin! Lieber Leser!

Gerade in der heutigen schnelllebigen Zeit suchen viele Menschen vermehrt nach Entspannung, nach einem Ausgleich zum Alltag, nach einer Möglichkeit den Alltagsstress zu reduzieren oder ganz abzubauen.
Zahlreiche Wege bieten uns die Möglichkeit, dieses Ziel der Entspannung zu erreichen. Sport ist zum Beispiel eine Möglichkeit, diese Ziele zu erreichen. Jedoch kann Sport nicht jeder Person helfen und auch nicht von jeder Person ausgeübt werden.
Der Entspannungspädagoge bietet seinen Klienten durch ein vielschichtiges Angebot die Möglichkeit seine Ziele zu erreichen oder ihnen einen großen Schritt näher zu kommen.
Eine grundlegende Voraussetzung für Ausübung ist die Bereitschaft, es zu lernen. Mehr nicht!

In diesem Buch lernen Sie die Übungen in Ihren Alltag zu integrieren. Entspannung wird danach für Sie zum Alltag gehören, genauso wie Atmen, Essen, Trinken und Schlafen!

Viel Spaß und ganz viel Erfolg
bei Ihrer Entspannung
wünscht Ihnen
Susanne Hottendorff

2 Wann uns Entspannung hilft: Indikationen

Sind Körper, Geist und Seele gleichermaßen entspannt, kann der Körper regenerieren!

Entspannt zu sein, entspannt durch das Leben zu gehen hilft uns immer. Wir haben eine bessere Sicht auf die Dinge. Wir können besser entscheiden und wir fühlen uns einfach wohl. Wenn wir entspannt sind, fühlen wir uns gelassen. Wir sind innerlich ruhig und sind ausgeglichen. Konflikte können uns in diesem Zustand nicht so leicht aus der Ruhe bringen. Probleme sind dann vielleicht gar keine Probleme mehr. In einem entspannten Zustand stört uns der Lärm nicht so sehr. Denken Sie an Kinder auf dem Spielplatz oder Autos und Flugzeuge. Wir können besser denken und lernen. Gelerntes kann besser abgerufen werden. Wichtig für alle Schüler!
Das sind ja alles nur Phrasen, werden Sie jetzt denken oder sagen!

Ich werde Ihnen jetzt aufzeigen, warum es keine leeren Sprüche sind.

Stress bedeutet eine gesteigerte Aktivität des vegetativen Nervensystems und der endokrinen Drüsen. Es wird vermehrt Adrenalin und Cortisol (körpereigenes Cortison) ausgeschüttet, das sind unsere Stresshormone.

Bei Stress kann man nicht klar denken. Viel-leicht ist Ihnen das auch schon mal passiert.

Etwas Unvorhergesehenes passiert, wir können gerade nicht damit umgehen und auch keine klare Entscheidung treffen. Das ist Stress. Ich gehe sogar einen Schritt weiter. Ich zeige Ihnen, dass Dauerstress sogar schädlich ist oder sein kann.

Machen Sie mit mir einen kleinen Ausflug in die Medizin. Viele Abläufe im menschlichen Körper werden u.a. durch zwei Nerven gesteuert: den Sympathikus und den Parasympathikus. Diese Nerven gehören zum unwillkürlichen Nervensystem, sie arbeiten also unbewusst und können nicht aktiv gesteuert werden. Ganz vereinfacht ausgedrückt, wir können sie nicht beeinflussen.

Der Sympathikus ist als Kampf und Fluchtnerv bekannt. Er steuert die Selbsterhaltung und Energie im Körper. Er beschleunigt den Atem und den Herzschlag, sorgt so für mehr Sauerstoff im Körper und ermöglicht auch den Muskeln nun besser arbeiten zu können. Die Bronchien und die Pupillen im Auge werden erweitert. Mehr Luft und eine bessere Sicht, das brauchen wir auf der Flucht, auf der Jagd und im Notfall und in einer Stresssituation. Damit dafür genug Energie vorhanden ist, werden andere Aufgaben im Körper etwas verlangsamt. So wird die Verdauung, also die Darmbewegung herabgesetzt. Es erfolgt nun keine Darm- und Blasenentleerung. Das würde auf der Flucht oder auf der Jagd nur stören! Des Weiteren werden die Insulinausschüttung und die Speichelproduktion gehemmt. Der Stoffwechsel arbeitet dagegen auf Hochtouren. Und die Versorgung der Haut mit Blut wird herabgesetzt, daher hat man in Stresslagen oft eine kalte Haut.

Zusammengefasst, der Sympathikus sorgt dafür, dass wir im Kampf und auf der Jagd gut gerüstet sind!

Wir gehen aber heute nicht mehr jagen um uns zu ernähren! Und wir sind auch nicht auf der Flucht vor einem Säbelzahntiger, wie noch vor Jahrhunderten.

Stress hilft uns nicht im Alltag. Und noch eine Info: Stress entsteht immer dann, wenn wir unter Zugzwang stehen, wenn wir keine Möglichkeit haben, uns frei und in Ruhe zu entscheiden.

Stellen Sie sich vor, sie sind in der Küche, auf dem Herd steht ein Topf mit Gemüse, der kurz vorm Überkochen ist. Dann klingelt das Telefon, das im Wohnzimmer liegt. Und gerade in diesem Moment klingelt es an der Haustür und der Hund beginnt zu bellen. Stress! Wir können nicht richtig denken, daher nicht richtig handeln und machen Fehler.

Hier hilft es, entspannt zu handeln. Genau, das wollen wir gemeinsam lernen und Sie werden es danach anwenden können und sich viel besser fühlen!

Sind wir im Entspannungsmodus, also arbeitet der Parasympathikus bei uns, dann werden nicht nur die Verdauungsorgane mit Blut und Sauerstoff versorgt, sondern auch die beiden Stirnlappen im Gehirn. Genau diese Stirnlappen sind für das kreative Denken verantwortlich. Hier ist nun also die Erklärung dafür, warum wir bei Stress nicht richtig denken können. Während der Sympathikus arbeitet werden diese für das kreative Denken verantwortlichen Gehirnteile eben nicht mit ausreichend Sauerstoff versorgt.

Ein weiterer Punkt, den Sie wissen sollten: Sind wir im Sympathikusmodus, also auf der Flucht oder im Kampf, dann kümmert sich unser Körper leider auch nicht um sich selbst. Die Zellen werden nur so viel wie nötig versorgt. Wachsen können sie jetzt nicht und sie werden auch nicht mehr überwacht. In den Zellen lagern sich Toxine, also Gifte ab, die normalerweise vom Körper erkannt und ausgeleitet werden. Nicht jedoch im Stadium des Sympathikus. Unser Immunsystem, was dafür verantwortlich ist, arbeitet nicht. Auftretende

Erreger können nicht abgewehrt werden. Die freien Radikale vermehren sich. Man hört den Begriff der „Freien Radikale" sehr häufig. Was ist das eigentlich? Freie Radikale sind Zündfunken in unserem Körper. Wir benötigen sie und sie sind wichtig. Nehmen sie jedoch überhand, sind zu viele vorhanden, dann wenden sich diese freien Radikale gegen unseren Körper. Sie machen krank und sie lassen uns altern. Jeder Körper produziert diese freien Sauerstoff - Radikale, ganz automatisch alleine durch Bewegung, durch Atmung, durch Essen und Trinken. Aufgrund ihrer Beschaffenheit, sie bestehen nur aus einem Molekül, suchen sie ständig einen Partner im Körper. Finden sie diesen, also eine Zelle in unserem Körper, docken sie dort an und töten diese Zelle: wir altern!
Kommen wir zurück zum Stress. Hält dieser Zustand nun länger an, also leben wir mit Dauerstress, dann kommt es irgendwann zu Erkrankungen. Bei nur kurzem Stress passiert uns nichts, damit kann unser Körper umgehen. Ich denke an ein Beispiel, mir fällt in der Küche eine Tasse mit Milch aus der Hand und knallt auf die

Fliesen. Dann haben wir Stress, der hält aber nur wenige Augenblicke an, wir erkennen den Schaden, beheben ihn, wischen den Boden auf und alles ist wieder im Lot. Danach kann der Parasympathikus wieder aktiv werden.

Für ein normales Leben sollten sich der Sympathikus und der Parasympathikus immer mal wieder abwechseln. Keiner von beiden sollte die Überhand gewinnen können.
Daher gibt es auch einen „guten Stress" für uns! Das klingt lustig, finden Sie? Der Fachmann unterscheidet den Disstress und den Eustress.
Bisher haben wir über den Disstress gesprochen. Er geht einher mit Gefühlen wie Angst, Wut, Trauer, Sorge, Schock und dem Zweifel.
Den Eustress, also den positive Stress haben Sie alle schon erlebt. Er ist der Stress, der uns zum Erfolg führt, der ein gutes Gefühl schafft und uns vielleicht Anerkennung verschafft. Stellen Sie sich vor, Sie werden zum Chef gerufen und wissen nicht warum. Nach der Begrüßung

erfahren Sie, dass Sie eine Gehaltserhöhung bekommen sollen. Oder Sie haben ein Preisausscheiben gewonnen und erhalten auf einer Bühne in einem Theater den Preis vor 2000 Zuschauern überreicht. Das ist Stress, aber es ist positiver Stress! Den können wir gerne erleben und er macht uns reicher und glücklicher.

Bei welchen Störungen, Erkrankungen und Situationen uns Entspannungsübungen helfen haben viele Ärzte und Therapeuten zusammengetragen.
Hier ist ein Auszug aus dem, was ich gefunden habe. Ich habe die Liste nach dem Alphabet zusammengestellt:

- ADHS
- Ängste, allgemein
- Allergien
- Angstzustände
- Appetitlosigkeit oder vermehrter Appetit
- Asthma, Asthma Bronchiale
- Ausdauermangel
- Burnout
- Bluthochdruck

- Chronische Schmerzen
- Chronisches Erschöpfungssyndrom
- Depressionen
- Drogenabhängigkeit
- Emotionale Störungen
- Entscheidungsfindungsstörungen
- Erhöhte Gefahr für Unfalle
- Erhöhte Gefahr für Verletzungen
- Erhöhtes Risiko an Krebs zu erkranken
- Ernährungsstörungen
- Herzschmerzen
- Herzklopfen-Herzrasen
- Herz-Kreislauf-Erkrankungen
- Hyperaktivität
- Hauterkrankungen
- Hormonstörungen
- Infektionsanfälligkeit
- Kloss im Hals haben
- Kopfschmerzen
- Konzentrationsstörungen
- Kreislaufharmonisierung
- Krebs
- Leistungsabfall
- Leistungsmangel
- Leistungsstörungen
- Leistungssport

- Libidoverlust
- Magen – Darm - Erkrankungen
- Magengeschwüre
- Migräne
- Müdigkeit
- Muskelverspannungen
- Nervosität
- Prämenstruelles Syndrom (PMS)
- Prüfungsängste
- Raucherentwöhnung
- Reizbarkeit nimmt zu
- Reizdarm
- Reizmagen
- Reizblase
- Rheuma
- Rückenschmerzen
- Schmerzen
- Schlafstörungen
- Schwindel, Schwindelzustände
- Sexuelle Störungen
- Stressbedingte Anspannungssymptome
- Stress
- Suchterscheinungen
- Tinnitus
- Übelkeit
- Unerfüllter Kinderwunsch

- Unruhe
- Unzufriedenheit
- Übergewicht
- Verdauungsbeschwerden
- Verstopfung
- Zähneknirschen

Diese Liste könnte man noch vervollständigen. Es ist nur eine kleine Übersicht, um Ihnen zu verdeutlichen, wie wichtig die richtige Entspannung für uns ist.

Nimm dir Zeit um zu träumen, es ist der Weg zu den Sternen

Weisheit aus Irland

3 Methoden zur Entspannung

Es gibt zahlreiche Möglichkeiten zur Entspannung. Bekanntlich ist ja jeder Mensch unterschiedlich, daher darf jeder seine Methode wählen, die ihm am besten gefällt. Ich höre oft in Gesprächen von Kursteilnehmern oder Klienten, dass sie zum Beispiel Autogenes Training gar nicht mögen und es ihnen sowieso nichts bringt. Hinterfrage ich dann, warum sie diese Meinung vertreten, bekomme ich häufig folgende Antworten:

*Autogenes Training habe ich mal in der Kur gemacht, langweilig und nicht hilfreich
*Das habe ich mal in der Volkshochschule (VHS) gelernt, das hilft mir nicht
*Das hilft mir nicht
*Das bringt keinen Spaß

Schade, denke ich immer. Nicht die Übungen des Autogenen Trainings sind dafür ursächlich, sondern leider die Dozenten, bei denen die Menschen die Kurse belegt haben. Wir werden das ändern. Sie lernen Entspannung und Sie entscheiden, was Sie anwenden wollen. Wir beginnen mit ganz leichten Übungen, die Sie prima in Ihren Alltag einbauen können. Und wenn das klappt, dürfen Sie sich an die nächste Aufgabe trauen. Ganz so schnell, wie Sie es möchten und wie Sie es auch zeitlich schaffen.

Welche Möglichkeiten der Entspannung gibt es denn nun eigentlich? Wenn ich diese Frage stelle, bekomme ich oft viele Antworten. Hier dazu einige Beispiele:

- ➢ Ich schalte den Fernseher ein
- ➢ Ich lese ein Buch
- ➢ Ich gehe in die Sauna
- ➢ Ich gehe spazieren
- ➢ Ich trinke eine Tasse Kaffee/Tee
- ➢ Ich gehe ins Bett
- ➢ Ich mache Sport
- ➢ Ich tanze
- ➢ Ich singe

Auch diese Liste könnte man noch ausweiten. Mit all diesen „Aktivitäten" kann man entspannen, aber auch nicht. Wenn jemand unter Stress steht, wird er kein Buch lesen und hat auch keine Zeit für Waldspaziergänge oder einen Saunabesuch. Die Tasse Kaffee kann entspannen, in der Regel wird sie aber den Stress noch ausbauen, da durch das Koffein der Herzschlag erhöht wird.

Auch an diesen Antworten können Sie erkennen, dass wir es verlernt haben, uns zu entspannen. Die Medien stehen im Vordergrund, TV, Handy, Online-Spiele, mit Glück noch mal das Radio, Internet mit all seinen Ablenkungsmöglichkeiten vor der richtigen Entspannung! Dabei ist es so leicht, wenn man weiß, wie es geht. Ich stelle Ihnen nun zuerst einmal verschiedene Möglichkeiten der Entspannung vor, auf die ich danach im Einzelnen noch eingehen werde.

Da gibt es zum Beispiel:

- ➢ Atemübungen
- ➢ Dehnübungen
- ➢ Achtsamkeitsübungen
- ➢ Autogenes Training
- ➢ Glaubenssätze

- Kraft der Gedanken
- Positives Denken
- Progressive Muskelentspannung
- Körperwahrnehmungen
- Meditation
- Mentaltraining
- Phantasiereisen
- Schamanische Reisen

Vieles wird Ihnen bekannt vorkommen, einige Begriffe vielleicht nicht. Nach und nach klären wir nun die einzelnen Möglichkeiten der Entspannung.

Es gibt Wichtigeres im Leben, als beständig seine Geschwindigkeit zu erhöhen.

Mahatma Gandhi

3.1 Atemübungen

Wir können eine ganze Weile überleben ohne zu Essen und ohne zu Trinken.
Ohne Essen schaffen wir es 40 Tage. Ich denke an Fastenzeiten, da geht es auch bei Geübten länger.
Ohne Trinken würden wir eventuell 4 Tage überleben.
Ohne zu atmen, also ohne Sauerstoff überleben wir maximal 4 Minuten!
Pro Minute machen wir 12 – 16, täglich etwa 20.000 Atemzüge. Und während eines Lebens liegt die Anzahl bei circa 200.000.000 Atemzügen – je nach Lebensalter.
Durch eine falsche oder durch eine zu flache Atmung bekommt unser Körper zu wenig Sauerstoff. Wir werden müde, bekommen Kopfschmerzen, leiden an Konzentrationsschwäche und es kann zu Kreislaufproblemen kommen. Wenn wir zu wenig ausatmen, kann unser Körper nicht genügend Sauerstoff aufnehmen und auch nicht genügend Toxine, also Gifte abgeben. Das Kohlendioxyd verbleibt im Körper, genaugenommen in unserem Blut

und läuft so weiter durch den Körper. Jeder kann sich vorstellen, was daraus passieren kann. Dauert dieser Zustand länger an, kann es sogar zu Vergiftungen kommen. Durch bewusstes Atmen gelangt genügend Sauerstoff in den Körper, die Gifte können ausgeleitet werden und wir fühlen uns gleich viel frischer.

Beobachten Sie sich doch mal bei der Atmung. Bewegen Sie sich dabei, dann verharren Sie, dann versuchen Sie die Luft anzuhalten. Sie werden feststellen, es gibt verschiedene Formen der Atmung. Und es fühlt sich jeweils anders an.

Wir unterscheiden drei Arten der Atmung.

- Brustatmung
- Zwerchfellatmung
- Vollatmung

Bei der Brustatmung werden nur Teile der Lungen belüftet, das ist sozusagen Atmung auf Sparflamme. Eine ineffektive Form, daher nicht zu empfehlen. Die Atmung zwischen den Rippen nutzen wir bei schwerer körperlicher Belastung und im Schlaf.

Die Zwerchfellatmung kann schon mehr leisten. Das Volumen steigt auf etwa 80 % an und unser Herz wird so mit mehr Blut versorgt. Atmen wir auf diese Weise hebt und senkt sich die Bauchdecke, daran kann man es erkennen. Unser Zwerchfell liegt an einigen Organen an, daher massiert die Atmung diese Organe. Unser Zwerchfell ist wie eine nach oben hin gewölbte Kuppel. Sie liegt zwischen Brustkorb und Bauchraum. Das Zwerchfell ist der wichtigste Muskel für unsere Atmung. Durch eine Kontraktion senkt es sich und Luft strömt ein, erschlafft der Muskel, hebt sich das Zwerchfell wieder und die Luft strömt aus. Das geschieht völlig automatisch!
Das ist gut für unseren Körper. Es verbessert unter anderem die Verdauung.

Am besten wird unser Körper jedoch bei der Vollatmung versorgt. Probieren Sie es aus. Ein ganz tiefer Atemzug geht von oben, vom Zwerchfell, über die Rippen, den Rücken und den Bauch.

*Gönne dir einen Augenblick der Ruhe
und du begreifst, wie närrisch du herumgehastet bist*

Laotse

Die Atmung selbst besteht genau betrachtet aus drei Phasen.
Einatmen, Ausatmen und eine Atempause.
Das Einatmen ist eine aktive Phase, in der wir Spannung aufbauen. Bei der Ausatmung sind wir passiv, wir entspannen. In der Atempause, also dazwischen, können wir alles loslassen. Einatmen sollten wir immer durch die Nase, ausatmen durch

den Mund. Die Nase dient unserem Körper als Filter.

So einfach kann Entspannung sein? Nun, Atemübungen sind der erste Schritt zu einer Entspannung. Toll an dieser Möglichkeit ist, man kann sie immer und überall anwenden. Man benötigt dazu keine Hilfsmittel. Sie kosten nichts! Jeder kann es erlernen und in seinen ganz eigenen Alltag einbauen.

3.2 Achtsamkeitsübungen

Was ist denn Achtsamkeit? Achtsamkeit ist eine besondere Form der Aufmerksamkeit, für alles, was uns umgibt oder widerfährt. Bewusst etwas zu machen, bewusst zu leben, den Augenblick genießen, in der Gegenwart leben, die Realität akzeptieren. Es ist gar nicht so einfach es zu erklären. Achtsamkeit ist jedoch eine sehr einfache Möglichkeit uns „rund laufen zu lassen", Körper, Geist und Seele zu vereinen und dadurch entspannter, glücklicher und auch gesünder zu leben.

Durch diese Übungen reduzieren Sie Ihre gewohnheitsmäßigen und unbewussten Reaktionen im Alltag. Es führt Sie automatisch zu einem selbstbewussten Handeln und Sie werden nicht nur nach außen authentischer handeln und reagieren, sie wirken auch so.

Das Schöne und Tolle an diesen Übungen ist, dass sie jeder, zu jeder Zeit und an jedem Ort praktizieren kann. Also: Alle! Immer! Überall!

Wir können ganz einfach Dinge mit Achtsamkeit erledigen. Kennen Sie solche Situationen? Sie sitzen im Auto und überlegen, ob alle Fenster geschlossen sind! Ist die Waschmaschine ausgestellt? Gehen Sie bewusst durch Ihr Haus oder Ihre Wohnung und sagen sich, laut oder leise, ich schließe alle Fenster, die Waschmaschine ist fertig und abgeschaltet. Dann gehen Sie aus dem Haus und wenn Sie nun im Auto sitzen, gibt es keine Zweifel mehr.

Das ist Achtsamkeit.

Unsere Gedanken sind in der Phase der ganz bewussten Achtsamkeit nur bei dieser einen Sache. Im Beispiel: beim Schließen der Fenster oder beim Überprüfen der Waschmaschine.

Früher, als ich noch in einem Kreditinstitut arbeitete, war ich für ganz viele Schlüssel und die damit verbundenen Aufgaben verantwortlich. Oftmals bin ich während der Fahrt nach Hause verunsichert umgedreht und zurück in die Firma gefahren. „Hatte ich den Safe gegenschlossen? Hatte ich die Alarmanlage auf Nacht gestellt? Waren alle Fenster verschlossen?" Dann, ohne von all diesen Achtsamkeitsübungen etwas zu wissen, begann ich, diese Aufgaben ganz bewusst zu erledigen. Die letzten Worte waren immer: Firmenschlüssel, Haustürschlüssel, Geldbörse. Dann verließ ich die Sparkasse, schloss die Tür ab und ging zu meinem Auto. Von da an fuhr ich nie wieder zurück um mich selbst zu überprüfen.

Auch unser Körper verdient Achtsamkeit. Starten Sie den Tag, indem Sie ganz bewusst Ihre Zähne putzen, oder Ihre Haare kämmen, oder Ihre Hände waschen. Es gibt so viele Möglichkeiten. Wir können auch achtsam mit unseren Gefühlen umgehen. Empfinden Sie bewusst Freude an einem Strauß Blumen. Oder schauen Sie sich den Himmel an und erfreuen sich an einem Vogel, einer Wolke, dem Blau! Fühlen Sie bewusst diese Freude. Das geht natürlich auch mit andern Gefühlen. Empfinden Sie Wärme, wenn Sie in der Sonne sind. Empfinden Sie den Wind, der durch Ihre Haare weht. Fühlen Sie den Boden unter Ihren Füßen oder wie kaltes Wasser über Ihre Hände läuft.

Wer achtsam lebt, wird feststellen, dass er von nun an sein Empfinden von Glück und Lebensfreude nicht von äußeren Bedingungen abhängig macht. Auch in schwierigen Situationen und Lebenslagen hilft Ihnen Ihre eigene Kraft, die aus dem Inneren kommt, klarzukommen und Lösungen zu finden. Sie fühlen sich psychisch-emotionalen Belastungen, also Stress, besser gewachsen. Sie sind geduldiger. Sie haben Ihre Gedanken besser im Griff. Selbst Ängste können so abgebaut werden.

Ursprünglich kommt das Wissen um die Achtsamkeit aus dem zweieinhalbtausend Jahre alten Wissen der buddhistischen Lehre. Ein Medizinprofessor erkannte Ende der Siebziger den Wert dieser Übungen und entwickelte daraus ein Programm zur Stressbewältigung.

Das höchste Gut ist die Harmonie der Seele mit sich selbst.

Lucius Annaeus Seneca

*Man sollte auch an Wochentagen
ein paar Augenblicke
Sonntag sein lassen.*

Unbekannter Autor

3.3 Phantasiereisen

Das klingt total schön, finden Sie nicht auch?
In der Phantasie reisen oder durch die Phantasie reisen? Es erinnert an Kindertage, an Märchen und vielleicht auch an das Vorlesen in Kindertagen. Erwachsene haben diese Art des Träumens oft verlernt, Kinder dagegen, gleiten oft in diese ihre eigene Welt ab.

Es gibt freie und geführte Reisen. Diese freien Reisen, wie ich sie nenne, kennen Sie alle. Man steht irgendwo, sieht ein Bild an einer Plakatwand, hört ein Geräusch oder nimmt einen Geruch wahr. Und schon beginnt das Kopfkino. Ich war als Kind in einem Schullandheim mit der Klasse. Dort wurde immer Apfeltee gekocht. Nehme ich heute den Geruch wahr, bin ich sofort wieder in der Situation von damals. Ich sehe die Gebäude, ich höre das Lachen …
Kinder können es ganz von alleine, Tagträumen! Leider sagen viele Erwachsene oft zu den Kleinen: Hör auf zu träumen

und mach endlich Dies oder Das. Schade, es ist so wichtig zu träumen.

Phantasiereisen werden angeleitet. Das bedeutet, eine Person spricht einen Text und eine andere, oder mehrere andere Personen reisen. Es geht jedoch auch so, dass Sie selbst, ohne Anleitung reisen.

Ich werde Ihnen beide Möglichkeiten aufzeigen.

Für eine Phantasiereise suchen Sie sich immer einen „Ruheraum", einen „Raum der Stille". Das kann Ihr Sofa sein, das Bett oder auch nur ein bequemer Stuhl im Büro. Sie können im Liegen oder im Sitzen reisen, je nach Lust und Situation. Ungeübte sollten anfangs im Sitzen reisen, damit Sie nicht sofort in einen schönen Schlaf eintauchen!

Eine Reise besteht aus 4 Teilabschnitten.

- ➢ Vorbereitung
- ➢ Einführung
- ➢ Hauptteil
- ➢ Rückführung

Mit der Vorbereitung ist gemeint, sich einen Raum für die Reise zu suchen. Wenn möglich alle Geräusche vermeiden, also das Handy ausschalten, TV und Radio ausschalten, eventuell die Türglocke abschalten, die Familie informieren, damit nicht ein Kind in den Raum springt …

Dann setzt oder legt man sich. Man wähl eine bequeme Position, in der man eine angemessene Zeit still verbleiben kann. Probieren Sie selbst aus, welche Position für Sie am besten ist. Die Arme können seitlich am Körper liegen, oder auf den Oberschenkel abgelegt werden. Jeder macht es so, wie er es für sich angenehm empfindet.
Dann beginnt die Einführung.
Für die Reise selbst bedarf es Ihrer Phantasie. Möchten Sie in einen Wald reisen? Oder lieber ans Meer? Soll es warm sein?
Beginnen Sie mit einigen Atemübungen, um ganz still zu werden. Jetzt wechseln Sie fließend in den Hauptteil.
Stellen Sie sich vor, Sie wären an Ihrem Lieblingsplatz. Sie sehen alles, sie riechen alles, sie fühlen alles….

Sie selbst sind an diesem Ort und gehen, laufen, schwimmen, fliegen... Sie treffen vielleicht auf Tiere oder auf Fabelwesen, auf Elfen oder Wichte.

Wählt man den Rückweg zum Ausgangspunkt der Reise, beginnt die Rückführung.

Sie selbst bestimmen die Länge der Reise. Sie können jederzeit abbrechen, sollten jedoch immer den Rückweg antreten. Klappt es einmal nicht, es passiert Ihnen nichts. Auch nicht, wenn Sie dabei einschlafen.

Sie erhalten ganz einfache Anleitungen um zu starten. Danach können Sie entscheiden, wie Sie persönlich fortfahren möchten. Vielleicht mit der Familie? Mit Ihren Kindern?

Phantasiereisen brauchen etwas Zeit und immer einen Ruheraum. Sie sind daher nicht für Unterwegs oder im Auto geeignet! Profis können kleine Reisen jedoch durchaus an Plätzen machen, die laut und/oder unruhig sind. Hier gilt, die Übung macht den Meister!

*Nimm dir jeden Tag die Zeit,
still zu sitzen und auf die Dinge
zu lauschen.
Achte auf die Melodie des Lebens,
welche in dir schwingt.*

Buddha

3.4 Schamanische Reisen

Die Bezeichnung Schamanismus leitet sich den meisten Autoren zufolge von dem aus Sibirien entlehnten Wort „Schamane" ab. Allgemein verwendet man den Begriff Schamane um spirituelle Spezialisten zu bezeichnen, die über „magische" Fähigkeiten als Vermittler zur Geisterwelt und zur inneren Welt verfügen. Solche Geisterbeschwörer sind Teil vieler ethnischer Religionen, aber auch mancher volksreligiöser Ausprägungen der Weltreligionen. In vielen Gemeinschaften spielen Schamanen auch heute noch eine große Rolle. Die schamanischen Reisen sind ein Teil der Arbeit dieser Schamanen.

Noch ein Wort zum Schamanismus. Heute in unserer Welt will man uns oft glauben lassen, es ist alles klar, wissenschaftlich nachweisbar, strukturiert, begreifbar, bekannt und modern. Es gibt jedoch mehr als das! Der Schamanismus ist eine uralte und immer noch sehr mächtige spirituelle Praxis, mit deren Hilfe wir auch heute noch in schwierigen Zeiten und in ungelösten Situationen Hilfe erhalten können. Wie lernen durch ihn in unsere eigene innere Welt einzudringen mit Hilfe unserer Helferwesen Antworten zu finden. Wir können Hilfe, Heilung, Führung und einen besonderen Blick auf alles erlernen und erfahren. Der Schamanismus zeigt uns, dass wir alle ein Teil der Natur sind und alle eins sind mit dem Leben.

Ich werde Ihnen hier nur einen ganz kleinen Weg für einen Ausflug in diese Welt aufzeigen. Mehr dürfen Sie gerne erlernen. Dieses sollte jedoch geführt durch einen Fachmann sein, mit dem Sie direkt kommunizieren können.

Eine der häufigsten Praktiken in der schamanischen Praxis ist die schamanische Reise. Es ist eine Methode unmittelbar Erfahrungen zu machen und zu sammeln. Stellen Sie einen Kontakt zu einem Helferwesen her und erleben Sie, diese Kraft!
Reisen Sie in die „Anderswelt" und fühlen Sie, ob diese Reise ein richtiger Weg für Sie ist!

Ich hoffe, Sie erfahren es so, wie ich es damals bei meiner ersten schamanischen Reise erleben durfte. Das Gefühl hat mich so tief bewegt, dass ich danach sofort mit der Ausbildung begonnen habe.
Bei diesen Reisen werden Trommeln und Rasseln eingesetzt. Dieses Erlebnis kann ich Ihnen durch dieses Buch leider nicht geben. Für einen ersten Versuch in Ihr Inneres geht es auch ohne diese Hilfsmittel.

Ich wünsche Ihnen, dass es Ihnen gefällt. Vielleicht sehen wir uns danach in meiner Praxis, bei einer geführten und von Trommeln und Rasseln begleiteten schamanischen Reise.

3.5 Der Zauberstab

Das ist ein ganz tolles Hilfsmittel, für immer und überall. Wir nutzen ihn, genauso wie im Märchen. Ob eine Fee oder Harry Potter, alle hatten ihren Zauberstab.
Dieser imaginäre Stab soll es Ihnen ermöglichen, Situationen aufzulösen, Gefahren abzuwehren, sich zu schützen oder sich einfach besser zu fühlen.
Wie geht das?
Stellen Sie sich vor, Sie hätten einen eigenen Zauberstab und könnten ihn, wann immer Sie wollen, zu Hilfe nehmen. Das geht natürlich nur im Kopf, im Geist und auch zum Beispiel in einer Phantasiereise.
Ein Beispiel, damit es verständlicher wird, aus dem Alltag.
Sie sind im Büro, auf der Arbeit. Es ist laut und hektisch. Sie spüren, dass Sie zunehmend unruhiger und aggressiver werden. Stress beginnt in Ihnen aufzusteigen. Schließen Sie einen kurzen Moment die Augen. Jetzt greifen Sie sich Ihren imaginären Zauberstab und richten ihn in den Raum, alles in Gedanken. Sie wählen einen Spruch dazu, den Sie sich selbst su-

chen können. Zum Beispiel: Es ist alles ruhig, ich bin ruhig und gelassen. Um mich wird es ruhig. Schauen Sie einfach, was für Sie passt, womit Sie arbeiten möchten. Versuchen Sie unterschiedliche Sprüche und versuchen Sie gerne, Ihren Zauberstab bei unterschiedlichen Situationen einzusetzen. Gibt es Angstsituationen? Vielleicht vor einer Prüfung? Vor dem Zahnarztbesuch? Vor einer Spinne im Keller? Vor Hunden, die einem bellend entgegenlaufen? Sie können entscheiden, wobei Ihnen Ihr eigener Zauberstab helfen soll und darf! Ist es nicht toll, dass Sie einen solchen Stab besitzen dürfen, den Sie an jedem Ort einsetzen können? Er benötigt keinen Platz in der Tasche. Er benötigt keine Pflege. Es kostet nichts!

Was ohne Ruhepausen geschieht, ist nicht von Dauer.

Ovid

Auch während Ihrer Phantasiereisen und schamanischen Reisen können Sie Ihren Zauberstab einsetzen, wenn in Ihnen Angst aufkommen sollte. Vielleicht treffen Sie während einer Reise auf einen Löwen und sie fürchten sich. Es kann jedes Tier, jede Situation sein, Ihr Zauberstab wird Ihnen helfen.
Besonders Kinder werden daran viel Spaß haben. Und der Stab wird auch den Kleinen helfen, spezielle Situationen aufzulösen oder aufkommende Angst zu verbannen.

Also, versuchen Sie alles, was geht. Es ist ein Zauberstab!

Nur im ruhigen Teich
Spiegelt sich das Licht der Sterne.

Weisheit aus China

3.6 Einen Anker setzen

Dieses Werkzeug soll Sie ab heute immer begleiten. Der Anker ist eine so tolle Möglichkeit im Alltag, ohne dass es jemand bemerkt, sich entweder zu entspannen oder sich Mut zu machen oder, schauen Sie selbst!

Ein Beispiel aus dem Alltag, Sie alle kennen diese Bilder, garantiert.

Frau Merkel und ihre Raute. Sie schließt die Finder der Hände zu einer Raute zusammen und legt sie vor ihren Körper. Damit ist ein Anker gesetzt. Was Frau Merkel hier hinterlegt hat, entzieht sich meiner Kenntnis.

Schauen wir uns gemeinsam an, wie es geht. Ganz einfach, man benötigt nur etwas Übung. Linkshänder wählen die rechte Hand, Rechtshänder wählen die linke Hand. Ganz einfach deshalb, weil Sie diese Hand nicht so aktiv einsetzen, sie ist halt öfter „frei". Sie führen drei Finger der Hand, Daumen, Zeige- und Mittelfinger zusammen. Also, die drei Fingerspitzen berühren sich. Das kann ganz leicht sein, Sie müssen keinen großen Druck ausüben. Wir kennen es aus den Bilder einer Meditation mit dem Begriff: Om.

Um diesen Anker zu nutzen überlegen Sie sich einen Satz, der für Sie Sinn macht.

Ich wähle das Beispiel: Ich bin völlig ruhig und gelassen. Wir wollen uns ja entspannen!
Sie führen nun also die drei Finger der entsprechenden Hand zusammen und sprechen diesen Satz mehrmals, wenn möglich anfangs auch laut. Während Sie sprechen fühlen Sie in die Finger, nehmen die Kraft auf und sprechen weiter. Ich bin völlig ruhig und gelassen! Diesen Vorgang wiederholen Sie, so oft Sie können. Wann immer Sie daran denken. Üben Sie es, immer wieder. Wenn Sie alleine sind, gerne laut, sonst sprechen Sie den Satz nur in Ihrem Kopf, wie ein Mantra. Probieren Sie es aus, im Superparkt an der Kasse, wenn wieder die Kinder einer Kundin laut quengeln… Oder wenn Ihnen jemand etwas berichtet, was Sie nicht hören möchten, es aber der Anstand verlangt… Wenn Ihr Partner schlechte Laube hat und diese

gerade heute an Ihnen ablassen möchte…

Und dann, eines Tages, werden Sie nur noch die drei Finger zusammenführen und sich völlig ruhig und entspannt fühlen. Jetzt können Sie diesen Anker immer einsetzen, wenn Sie ihn benötigen. Und keiner wird es sehen oder merken! Wieder ein Beispiel: Sie sollen eine Erklärung vor einer Gruppen von Menschen abgeben, einen Vortrag halten, eine Prüfung absolvieren. Jetzt setzen Sie Ihren Anker und sind automatisch völlig ruhig und gelassen. Probieren Sie es aus! Es klappt!

Jetzt können Sie gerne noch einmal darüber nachdenken, was sich Frau Merkel wohl in ihren Anker gelegt hat!

3.7 Mentaltraining

Was verbirgt sich hinter diesem Begriff, werden Sie fragen.

- ➢ Eine Möglichkeit, die eigene Zukunft und das eigene Schicksal in die eigene Hand zu nehmen
- ➢ Eine Möglichkeit, das eigene Leben positiv zu gestalten
- ➢ Eine Möglichkeit, das Leben bewusst zu beeinflussen durch Zuhilfenahme der Gedanken
- ➢ Eine Möglichkeit, unsere geistigen Fähigkeiten gezielt einzusetzen, um unsere Wünsche, Ziele und Chancen zu verbessern und zu verwirklichen.

*Geh langsam,
und du findest immer wieder
zu dir selbst!*

Weisheit aus Arabien

Das hört sich zuerst einmal recht toll an. Denken Sie doch bitte einen Moment darüber nach … So richtig kann man sich nichts darunter vorstellen.

Training kennen wir, wir trainieren im Sport. Damit wir besser werden. Damit wir fit bleiben oder werden. Training ist dafür einfach erforderlich, da sonst das Erlernte wieder vergessen wird. Im Sport geht es dabei um unseren Körper, ganz genau gesagt: um unsere Muskeln.

Und wenn wir nun Mentaltraining betreiben, dann trainieren wir unser Gehirn. Auch das Gehirn benötigt Training, damit es gut arbeiten kann und damit es für uns arbeitet!

Fakt ist, unser Gehirn vergisst nicht! Selbst Dinge, die wir im Kindesalter erlernten, sind abgespeichert – wie auf einer Festplatte. Wir suchen nun den Zugang zu diesen Informationen und üben, Erlerntes abzurufen und zu nutzen. Daher ist es enorm wichtig, dass wir richtig üben – also trainieren. Genaugenommen können wir ja auch beim Muskeltraining falsche Übungen machen und dem Körper damit

schaden. Warum sollte es also beim Gehirn anders sein?
Unsere Übungen sollten daher immer POSITIV sein!
Es gibt die Regel dass eine positive Aktion eine positive Reaktion auslöst.
Vereinfacht ausgedrückt, bedeutet es, du schenkst Aufmerksamkeit und bekommst Aufmerksamkeit dafür zurück. Du schenkst einem Menschen ein Lächeln und bekommst ein Lächeln zurück. Dazu gibt es einen bekannten Kalenderspruch: Wie wir in den Wald rufen, kommt es zurück!
Also, denken Sie immer positiv, dann kommt es positiv zurück! Das wollen wir also üben.
Zuerst sollten Sie sich beobachten. Achten Sie zwei Tage lang auf alle Gedanken und auch auf das, was Sie sagen. Beobachten Sie, wie Sie Sätze formulieren. Am besten Sie notieren sich Gedanken, damit Sie besser verstehen, was Sie ändern sollten.
Jeder kann es erlernen, jeder kann durch dieses Mentaltraining Änderungen schaffen!

Sie müssen nur beginnen.
Geben Sie Ihren Gedanken die Kraft, die Sie möchten und Sie werden es spüren!

Fangen wir praktisch an.

„Ich will nicht krank werden, ich will diese Erkältung nicht bekommen."

Das ist ein Satz, den Sie sicherlich schon einmal gesagt haben oder gehört haben.

Unser Gehirn merkt sich Teile des Gedachten oder Gesprochenen Textes. Was es nicht macht, es erkennt nicht das Wort: Nicht. Benutzen Sie daher bitte folgende Worte nicht:

NICHT * KEIN * FREI VON * OHNE * NIE *NIEMALS * GAR NICHT

Sicherlich kennen Sie auch das Beispiel:

„Bitte denke jetzt nicht an einen lila Elefanten!"

Daher ist es wichtig, dass wir immer positiv denken und sprechen.
Also besser sagen wir:

Ich bin gesund! Ich bleibe gesund! Es geht mir gut!

Unsere Gedanken formen unser Leben.

Bereits in der Kindheit speichert unser Gehirn Fakten, Gedanken und Erlerntes ab. Und gerade Kinder lernen durch Zuhören Dinge, die für sie neu sind. Dazu gehört auch Angst. Kinder haben von Geburt an keine Angst. Sie kennen sie nicht und wissen auch nicht, was Angst ist. Die Umgebung, die Eltern, die Bezugspersonen zeigen den Kindern erst, was Angst ist.

Ein Beispiel aus der Praxis:

Kinder spielen zusammen auf dem Kinderspielplatz. Sie tollen herum, klettern auf das Gerüst, springen herunter oder spielen auf der Rutsche. Nichts kann sie aufhalten. Sie haben keine Angst.
Dann beobachtet eine ängstliche Mutter, wie ihr Kind auf dem Gerüst steht und springen will. Sie ruft:
„Pass auf, damit du nicht fällst und dir wehtust!"
Bis zu diesem Moment hat das Kind nicht daran gedacht, dass es fallen könnte. Jetzt beginnt der erste Schritt der Angst, der erste Gedanke daran, dass es fallen könnte. Und nun könnte es auch geschehen. Es muss nicht, aber der Keim ist im Gehirn gepflanzt.

Besser wäre es gewesen, hätte die Mutter zu ihrem Kind gesagt:
„Das machst du gut! Das sieht toll aus!"

Unsere Gedanken haben Kraft. Wir wollen sie nutzen. Und unsere Gedanken folgen dem Gesetz der Anziehung. Machen wir uns das Gesetz zu Nutze.

Das Gesetz der Anziehung ist ein Begriff der Physik. Alles ist Schwingung und Energie.
Unser Körper ist Schwingung, Gedanken sind Schwingung, Ideen sind Schwingung, alles ist Schwingung!
Je mehr positive Gedanken wir senden, je mehr positive Schwingungen kommen zurück zu uns.
Immer an dieser Stelle fällt mir Albert Einstein ein. Ein Visionär, der uns allen bekannt ist. Im Internet kann man viel über Albert Einstein lesen. Eines seiner Sinnsprüche möchte ich Ihnen weitergeben:

*„Logik wird dich von
A nach B bringen.
Phantasie wohin du willst!"*

Das ist eine wundervolle Vorstellung! Phantasie durch positive Gedanken bringt uns ans Ziel!

Denken Sie an einen Wunsch, den Sie schon lange hegen. Ich nehme für das Beispiel eine neue Wohnung. Nehmen Sie sich einen Moment Zeit und denken Sie genau an diese Wohnung.

„Meine neue Wohnung hat drei Zimmer, alle mit Fenster, eines mit Balkon. Eine helle, möblierte Küche, ein schönes, großes, helles Badezimmer mit Fenster, eine kleine, aber sehr moderne Gästetoilette, einen freundlichen Flur. Dazu gehört ein sauberer Keller. Meine Wohnung liegt im 1. Stock im XY- Stadtteil von ___ (fügen Sie Ihre Stadt ein).

Sie ist frei und ich bekomme den Mietvertrag, die Wohnung kostet nur 350.- Warmmiete.

Das zusätzliche visualisieren eines Wunsches verstärkt die positive Schwingung und die Anziehung und somit den Erfolg!

Schließen Sie Ihre Augen du gehen Sie durch Ihre neue Wohnung. Schauen Sie aus dem Fenster in der Küche. Gehen Sie auf den Balkon. Lehnen Sie sich an die Wand im Wohnzimmer und stellen Sie sich Ihre Möbel dort vor.

Dieses Beispiel soll Ihnen veranschaulichen, je genauer Ihre Gedanken sind, je präziser der Wunsch ist, je besser ist es.

Sie können hier jedes Ziel wählen, was Sie erreichen möchten. Das muss nicht nur die neue Wohnung sein. Es kann ein neuer Job sein, eine neue Einrichtung für Ihre Wohnung, ein neues Auto, der Erwerb einer Konzertkarte, oder, oder, oder

Nimm dir Zeit.
Ein Acker, der ausruhen konnte,
liefert prächtige Ernte.

Ovid

3.8 Glaubenssätze

Eine besondere Form des Mentaltrainings ist die Arbeit mit und an den Glaubenssätzen, die in uns schlummern. Jeder Mensch speichert Erlebtes, Erlerntes, Gehörtes und Gesehenes ungefiltert ab. Das bedeutet, auch alle schlechten, negativen Muster sind abgespeichert. Je öfter wir etwas hören oder selbst denken, je stärker festigen sich diese Muster in uns. Und aus diesen gespeicherten Mustern werden dann später Taten. Viele dieser abgespeicherten Sätze sind uns gar nicht mehr bewusst. Unser Unterbewusstsein jedoch vergisst nicht!
Sie alle kennen diese Sätze, die uns ein Leben lang begleiten.

„Ich glaube nicht, dass ich das schaffe."
„Ich glaube, die Taxe kommt nicht."
„Ich glaube nicht, dass ich im Lotto gewinne."
„Daran glaube ich sowieso nicht."
„Ich glaube nicht, dass ich die Prüfung schaffe."

Schauen Sie doch einmal auf die Liste, um die ich Sie bat... Finden Sie diese Sätze wieder?

Die Liste sollten Sie für sich selbst vervollständigen. Nur wenn wir sie kennen, können wir sie auflösen.
Jeder von uns „pflegt" diese Art von Glaubenssätzen.
Viele dieser Sätze haben uns unsere Eltern mit in unser Leben gegeben. Sie sind fest in uns verankert und wir merken es nicht einmal, dass wir sie immer wieder anwenden.

„Bei dir ist Hopfen und Malz verloren!"
„Ich schaffe das nicht, weil ich zu dick bin."
„Ich kann das nicht, weil ich Angst habe."
„Ich mache das lieber nicht, weil es beim letzten Mal auch nicht geklappt hat."
„Ich glaube nicht, dass ..."
„Das wird ja nicht."

Solche Sätze prägen uns und es kommt dann auch so, wie wir es sehen!

Die Gedanken verselbstständigen sich. Und dann wundert man sich, warum es wieder nicht geklappt hat.

Das brechen wir jetzt auf.
Ab sofort denken und sprechen wir nur noch positiv.
Bemerken Sie einen negativen Gedanken, dann stoppen Sie. Machen Sie sich den Inhalt klar und kreieren Sie einen neuen positiven Satz!

Beispiel:

Schlecht:
„Ich schaffe das nicht, weil ich zu dick bin".
Besser:
„Ich schaffe das, so wie ich bin".

Schlecht:
„Ich glaube nicht, dass ich die Prüfung schaffe."
Besser:
„Ich mache jetzt diese Prüfung und bestehe sie!"

Schlecht:
„Na, ob das wohl klappt"
Besser:
„So, jetzt klappt es!"

Schlecht:
„Hoffentlich geht das gut"
Besser:
„Es funktioniert!"

Überprüfen Sie Ihre Gedanken. Wann immer Sie Gedanken haben und wann immer Sie etwas sagen. Beobachten Sie sich selbst.
Und dann beginnen Sie Ihre Gedankenmuster zu ändern.

Bitte jetzt nicht antworten:
„Ja, ich mache das, aber ich weiß nicht, ob ich immer daran denke."

Besser denken Sie:
„Ja, das mache ich und ich fange sofort damit an.

All unsere Gedanken sind Schwingungen. Ziel ist es, die negativen Schwingungen durch positive Schwingungen zu ersetzen.

Ein Beispiel dazu möchte ich Ihnen gerne noch mit auf den Weg geben. Gerade sah ich im TV einen Bericht über Autofahrer. Forscher haben festgestellt, dass Autofahrer und auch Autofahrerinnen immer aggressiver im Straßenverkehr unterwegs sind. Ein Linksfahrer regt uns auf. Ein Auto fährt ohne Blinker auf die andere Fahrspur. Es wird gedrängelt und jeder versucht sein Recht durchzusetzen. Wir als Autofahrer sind also in diesen Situationen nicht mehr entspannt. Vergessen Sie bitte mal einen Moment, ob Sie in dieser Situation im Recht sind oder nicht. Sie haben gelernt, dass Sie in der Phase „Wut, also in der Phase des Sympathikus nicht denken können und nicht richtig entscheiden können. Daher ist es gerade im Straßenverkehr besonders gefährlich, wir wissen alle, dass eine Sekunde Ihr Leben verändern kann. Versuchen Sie es doch bitte mal mit dieser Methode:

Sagen oder denken Sie beim nächsten nervenden Auto einfach: Das machst du gut. Ich bin daher völlig ruhig und entspannt.
Und dann beobachten Sie, was passiert!
Viel Spaß!

Eine halbe Stunde Meditation
ist absolut notwendig,
außer,
wenn man sehr beschäftigt ist,
dann braucht man
eine ganze Stunde.

Franz von Sales

3.9 Meditationen

Für mich ist das Thema Meditation das schönste und gleichzeitig das schwierigste Thema dieses Buches.
Viele Menschen meditieren heute bereits, nicht nur um sich Entspannung zu suchen. Man sagt, Meditation sei der königliche Weg um sich frei zu fühlen. Man gelangt durch sie aus der Dunkelheit in das Licht des Himmels.
Klingt das nicht schön?

Was ist denn nun Meditation eigentlich? Übersetzt man das lateinische Wort „Meditatio" so bekommt man als Erklärung: überlegen und nachdenken.
Für mich bedeutet es ganz einfach im Hier und Jetzt zu sein, alles bewusst wahrzunehmen und ganz bei sich selbst zu sein. Gedankenfrei und völlig „losgelöst".
Wenn Sie schon einmal meditiert haben, dann kennen Sie das Gefühl ganz bei sich selbst zu sein und Ihre eigene Mitte gefunden zu haben. Stille ist das, was wir dabei erleben. Neben dem Weg zu einer gesuchten Entspannung können wir durch

die Meditation zusätzlich einen Weg zu uns selbst finden.
Meditation hat in vielen Bereichen Tradition: im Hinduismus, im Buddhismus und in Japan, in der Zen-Meditation.

Sollten Sie bereits ein „Tagebuch" oder „Entspannungsbuch" besitzen, begleitet es Sie auch auf Ihren Meditationen. Schreiben Sie nach der Meditation auf, was Ihnen passiert ist, was Sie erlebt haben und was Sie empfunden haben.

Wie beginnen wir eine Meditation? Nun, zuerst suchen Sie sich eine bequeme Position, in der Sie einige Minuten (anfangs nur 5 Minuten - später 30 Minuten?) ausharren können.

Man nennt diese Position den Lotussitz oder den Schneidersitz. Wer es nicht schafft, so zu verharren, der darf sich auch gerne auf ein Kissen am Boden oder auf einen Stuhl setzen. Der Körper sollte aufrecht und der Kopf gerade oder leicht nach vorne gebeugt sein. Hände legen Sie auf Ihre Beine, auf die Oberschenkel. Sie können jetzt auch den erlernten Anker setzen.

Ihre erste Meditation sollte nicht zu lang sein, etwa 5 Minuten.
Sie dürfen sich gerne ein kleines Hilfsmittel dazu nehmen, zum Beispiel eine Kerze. Das Flackern wird Ihnen den Weg in die Meditation vielleicht erleichtern.
Nehmen Sie also Ihre bequeme Position ein. Beginnen Sie die Meditation mit einigen tiefen Atemzügen und denken Sie dabei nur: Ein und Aus. Ein und Aus. Ihr Blick ist auf die Kerze und das Flackern gerichtet.
Ihre Gedanken sollten abgeschaltet werden.
Keine Angst, bei der allerersten Meditation wird es Ihnen vielleicht schwer fallen.

Auch hier stimmt der Spruch: Übung macht den Meister. Lassen Sie sich Zeit. Übertreiben Sie es nicht am Anfang.
Mit der Zeit werden Sie den Weg in Ihr Inneres finden!

Für jede Meditation können Sie sich ein Thema wählen. Das kann etwas sein, was Sie persönlich sehr bewegt, wie zum Beispiel eine offene Lebensfrage, eine große oder neue Liebe oder eine körperliche Störung. Vielleicht denken Sie gerade über einen Berufswechsel nach?
Sehr schön sind auch Meditationen die sich auf die eigene Person beziehen.
Das Thema Selbstliebe ist enorm wichtig, es gibt uns Selbstvertrauen und hilft uns im Alltag!
Üblich sind auch Farbmeditationen, Chakren- Meditationen oder zum Beispiel bei Kindern, Zählmeditationen. Man beginnt einfach von 1 bis 100 zu zählen.
Wer hat, darf auch gerne Karten, also Engelskarten, Krafttierkarten oder einfach schöne Postkarten zum Meditieren verwenden. Ich liebe es, bei Vollmond zu

meditieren. Der Blick in den Mond gibt mir persönlich viel Kraft!

Für Meditation gilt, alles ist möglich, wenn Sie es wollen!

Bitte erwarten Sie als Neuling nicht zu viel! Oft höre ich von Kursteilnehmern, ich habe gar nichts gesehen oder erfahren. Es braucht Zeit und viel Übung. Schrauben Sie Ihre Ansprüche nicht zu hoch. Sie verlieren sonst bestimmt die Lust an der Meditation, das wäre sehr schade!

Versuchen Sie ganz ruhig zu sein und wirklich diesen Zustand einige Minuten zu erhalten. Denken Sie nicht! Das alleine ist schon sehr schwer. Alleine, wenn Sie daran denken, nicht zu denken, denken Sie ja schon! Gedanken kann man wegschicken. In eine Wolke legen. Oder in einen Karton. Am Ende der Meditation kehren Ihre Gedanken zu Ihnen zurück, ganz sicher. Haben Sie also niemals Angst, Sie könnten etwas vergessen. Genießen Sie einfach die Stille, die Zeit, die Sie für sich haben und ganz alleine mit sich verbringen. Versuchen Sie in der ersten Phase täglich einen Moment zu meditieren. Langsam werden Sie es schätzen und dann steigern Sie die Zeit. Das wird ganz automatisch passieren. Von Meditation zu Meditation werden Sie sicherer und dann werden Sie auch das Aha-Erlebnis bekommen. Also, Sie werden beispielsweise eine Antwort auf eine gestellte Frage erhalten. Sie werden plötzlich wissen, wie Sie entscheiden sollen. Oft geschieht es nicht direkt nach der Meditation, sonders etwas später. Sie werden jedoch sofort erkennen, dass es passiert ist! Viel Erfolg!

Sicher werden Sie auch einen anderen Erfolg verspüren. Sie werden ruhiger, also entspannter. Es ist so einfach mit so wenig zu sich selbst zu kommen und Entspannung zu finden. Und auch hier gilt, es kostet nichts. Sie brauchen nur einen ruhigen Raum und den Willen, es zu tun!

*Wenn man die Ruhe nicht in sich selbst findet,
ist es umsonst,
sie anderswo zu suchen.*

Francois de la Rochefoucauld

3.10 Autogenes Training

Davon hat nun schon fast jeder gehört. Und, das zeigt auch meine Erfahrung, viele Menschen lehnen es als antiquierte Beschäftigung ab. Schade! Sie werden nun lernen, dass es ganz anders sein kann und dass es Ihnen helfen wird, auf dem Weg zu Ihrer persönlichen Entspannung.

Ziel des Autogenen Trainings ist es, sich selbst aus einer stressigen Situation in einen entspannten Zustand zu versetzen. Ohne fremde Hilfe!

Außerdem kann Autogenes Training auch präventiv, also vorsorglich, eingesetzt werden. Es soll doch gar nicht erst zu einer Störung kommen.

Der Psychiater, Psychotherapeut und Neurologe Johannes Heinrich Schultz lebte von 1884 bis 1970, zuletzt in Berlin. Er selbst war als Kind nicht der Stärkste und wurde dadurch oft ausgegrenzt und von Mitschülern geärgert. Vielleicht auch deshalb war ihm das Thema Seele so wichtig. Schultz widmete sich der Psychosomatik.

Kurz erklärt: Psychosomatik ist ein medizinischer Fachbegriff. Er bezeichnet die Lehre von den psychisch verursachten körperlichen Krankheiten und Beschwerden. So können beispielsweise Rückenschmerzen ihre Ursache nicht im Rücken haben, sondern sie liegt in einer seelischen Last, die auf den Schultern des Erkrankten lastet. Also Eheprobleme, Probleme im Job, Mobbing, Ärger mit der Schwiegermutter… Das sind nur einige plakative Beispiele zum besseren Verständnis.

Schultz versuchte seinen Patienten mit Hypnose zu helfen. Durch Selbstversuche und Versuche mit Patienten stieß er auf ein Verfahren, das wir heute Autogenes

Training nennen. Geprägt durch seine Arbeit mit der Hypnose entstand daraus eine Form der Selbsthypnose.

Heute eine der häufigsten Form der Selbstentspannung, die angewendet wird. Durchaus wird das Autogene Training auch durch Ärzte, Psychologen, Heilpraktiker und Entspannungspädagogen angewandt und vermittelt.

Wir leben im Gleichklang, wenn sich Körper, Geist und Seele in der Balance befinden.

Das Autogene Training wird in drei Stufen ausgeübt. Die Grundstufe, die Mittelstufe und die Oberstufe.

Für den Einsteiger werden wir uns mit der Grundstufe beschäftigen. Nach einiger Zeit der Übung und regelmäßiger Anwendung gleiten wir dann in die Mittelstufe. Die Oberstufe können Sie zum Bespiel in meiner Praxis kennenlernen.

Übersicht:

1. Abschnitt : Grundübungen:
➢ Ruhe
➢ Schwere
➢ Wärme

2. Abschnitt: Organübungen
➢ Atem
➢ Herz
➢ Sonnengeflecht (siehe unten)

3. Abschnitt : Nebenübungen
➢ Schulter, Nacken
➢ Stirn

Erklärung zum Begriff Sonnengeflecht:

Genannt auch Solarplexus, es befindet sich zwischen dem unteren Rand des Brustbeines und dem Bauchnabel. Hier, in der Tiefe direkt hinter dem Magen, verlaufen die Nerven, die auch die Organe unterhalb des Zwerchfells versorgen. Da sind zum Beispiel Nieren, Magen, Darm, Leber, Galle und Bauchspeicheldrüse.

Es ist eine sehr wichtige Region unseres Körpers, denn auch dort sind viele unserer Gefühle „beheimatet".

Denken Sie daran, dass Sie sagen:

*da ist mir etwas auf den Magen geschlagen
*das geht mir jetzt aber an die Nieren
*mir ist da wohl eine Laus über die Leber gelaufen

Das schauen wir uns jetzt detailliert an.

Die Grundstufe wird in drei Abschnitten und in jeweils drei/zwei Schritten ausgeübt, die Ruheübung, die Schwereübung und die Wärmeübung gehören zum ersten Abschnitt.

Aus der Ruheübung haben Sie schon etwas gelernt, folgende Sätze zum Beispiel: „Ich bin völlig ruhig und gelassen." Oder „Ich bin vollkommen ruhig und gelassen."

Das ist der Einstieg um ruhig zu werden. Wenden Sie einen Satz Ihrer Wahl immer wieder an, täglich und in den verschiedenen Situationen. Sie dürfen die Sätze gerne erweitern, zum Beispiel:

„Ich bin ganz ruhig."
„Ich bin ganz still."
„Ich bin total entspannt."
„Meine innere Ruhe beginnt."

Probieren Sie es aus und finden Sie Ihren Satz!

Wundern Sie sich bitte nicht über die Formulierungen der Sätze. Dieses sind festgelegte und erprobte Sätze des Autogenen Trainings. Sie werden so überall angewendet. Sie erzielen mit diesen Sätzen den größten Erfolg. Vertrauen Sie mir, auch wenn es für Sie am Anfang noch etwas sonderbar wirken mag.

Gehen wir zum zweiten Schritt der Grundstufe, die Schwereübung.

„Arme und Beine ganz schwer."
„Arme und Beine angenehm schwer."

Die dritte Stufe ist die Wärmeübung.
„Hände und Füße ganz warm"

Beispiele:

„Arme ganz schwer, ganz schwer, schwer."
„Beine ganz schwer, ganz schwer, schwer."

„Hände ganz warm, ganz warm, warm."
„Füße ganz warm, ganz warm, warm"

Beide Sätze werden jeweils zweimal gesprochen und durch die Ruheformel:
„Ich völlig ruhig und gelassen."
ergänzt.

Suchen Sie sich vor dem Start zu Ihren Übungen bitte immer ein ruhiges Plätzchen, setzen oder legen Sie sich hin und beginnen dann mit den Übungen.

Der zweite Teil der Grundübungen dient der Entspannung unserer Organe.
Sie lernen hier die neuen Sätze kennen:

„Atmung ruhig und gleichmäßig."
„Herz ruhig und gleichmäßig."
„Sonnengeflecht strömend warm."

Genau wie beim ersten Abschnitt bilden wir kleine Sätze, die wir wiederholen.

„Atmung ruhig und gleichmäßig, ruhig und gleichmäßig, es atmet mich."
„Herz ruhig und gleichmäßig, ruhig und gleichmäßig, ruhig und gleichmäßig."

„Sonnengeflecht strömend warm, strömend warm, strömend warm."

Und im dritten Abschnitt folgen die Nebenübungen von Schulter/Nacken und Stirn.

„Schulter und Nacken gelöst und angenehm warm."
„Stirn angenehm kühl, angenehm kühl, angenehm kühl."

Lediglich die Stirn wird als kühl angenehm empfunden. Ein heißer Kopf ist nicht erstrebenswert, es lässt uns an Fieber denken.

Das ist schon das ganze Konzept der Grundstufe des Autogenen Trainings. Im zweiten Teil des Buches werden Sie Übungen finden, mit denen Sie starten können.
Das Ziel dieser Übungen ist Entspannung. Durch diese Entspannung aktivieren Sie Ihren Parasympathikus, der Körper ist entspannt.

Während der Übungen verfeinern wir die Sätze, allerdings ganz einfach!

Damit haben Sie nun die Grundstufe des Autogenen Trainings kennengelernt.

Üben Sie die Sätze. Schreiben Sie sich die Sätze auf einen Zettel und lesen Sie immer wieder, dann gehen diese Sätze in Ihr Unterbewusstsein über. Das ist ein Schritt für Ihre Entspannung.

Beschäftigen wir uns mit der Mittelstufe.
Alles, was Sie bisher lernen durften bleibt so! Es findet auch in der Mittelstufe seinen Einsatz. Es kommt jetzt eine Kleinigkeit hinzu, die Ihnen noch mehr Erfolg bringen wird.

In der Mittelstufe bauen wir eigene Vorsätze in den Text ein.
Das können die unterschiedlichsten Wünsche sein. Jedoch sollen diese Wünsche oder Vorsätze kurz und knapp formuliert

sein. In einem Autogenen Training ist kein Platz für lange Ausführungen, dass würde den Erfolg schmälern und Sie aus dem Konzept bringen.

Ich erkläre es Ihnen am besten wieder mit Beispielen:

„Ich bin mutig."
„Ich bin gesund."
„Ich bin dankbar."
„Ich liebe mich."
„Mir ist Alkohol total egal."
„Ich schaffe meine Prüfung."
„Ich habe Spaß an meiner Arbeit."
„Ich bin erfolgreich in meinem Job."

Denken Sie hier bitte wieder daran, die Sätze müssen positiv sein, die Worte NICHT, NEIN, NIE, NIEMALS, OHNE, FREI VON, GAR NICHT werden nicht benutzt! (… der lila Elefant…)

Bauen Sie bitte nur einen Wunsch, einen Vorsatz als Formel in Ihr Autogenes Training ein.

Üben Sie mit diesem Vorsatz vielleicht zwei Monate. Dann können Sie den Wunsch verändern. Der Vorsatz kann sich so am besten bei Ihnen verankern. Ihren persönlichen Wunschsatz sollten Sie auch tagsüber mehrfach laut oder leise sprechen. Sie dürfen ihn auch gerne wieder aufschreiben und auf den Schreibtisch oder/und ans Bett legen.

Im Autogenen Training wiederholen Sie Ihren Wunsch mehrfach, bis zu 12 Mal.
Hierzu finden Sie wieder eine Übung im zweiten Teil des Buches.

Sie selbst sind erkrankt und kennen die Ursache? Dann dürfen Sie gerne Wünsche in das Autogene Training einfügen.

Zum Beispiel leiden Sie unter Bauchschmerzen.
Dann bauen Sie den Satz:
Ich schicke Wärme zu meinem Bauch.

Oder Halsschmerzen:
Ich sende Wärme in meinen Hals und Rachen.

Sie haben sich bei der Arbeit an der Hand verbrannt:
Ich sende Kühle an meine rechte/linke Hand.

Kreieren Sie Ihren Satz, Ihren Wunsch oder Ihren Vorsatz. Bauen Sie diesen Satz dann in Ihr Autogenes Training ein.

Sie dürfen Ihren Wunsch kombiniert mit Ihrem eigenen „Ruhesatz" nun auch wieder als Anker setzen.

Beispiel bei Kopfschmerzen:

„Ich bin völlig ruhig und gelassen und meinem Kopf geht es gut und ich kann klar denken."

Nutzen Sie Autogenes Training so oft Sie können, so oft Sie Zeit haben, also regelmäßig. So erlangen Sie den besten Erfolg. Bauen Sie das AT in Ihren Tagesplan mit ein. Also zum Beispiel, täglich nach dem Mittag, vor dem Aufstehen am Morgen, vorm Einschlafen am Abend. Ganz wie Sie es können und wie Sie Zeit finden!

*Betrachte die Welt nicht mehr
voller Unruhe,
dann strahlt das Licht des Tages
aus deinen Augen.*

Weisheit der Indianer

3.11 Progressive Muskel Entspannung

Ich höre oft, Progressive Entspannung, das klingt aber schräg! Wir können es auch gerne „Tiefe Muskelentspannung" nennen. Den Namen hat diese Entspannungsform von ihrem Begründer Edmund Jacobson (22. April 1888 in Chicago; † 7. Januar 1983), er war ein US-amerikanischer Arzt. In seiner Familie gab es einen Unfall, durch den sich der emotionale Zustand seines Vaters verschlechtert. Dadurch begann Jacobson sich mit dem Thema des emotionellen Stresses und den daraus resultierenden Reaktionen zu interessieren.

Betrachten wir uns wieder aus medizinischer Sicht den Begriff: emotionaler Stress.
Dazu können Ärger, Probleme am Arbeitsplatz, Ängste in der Familie durch Gewalt, Suchtängste und Aggressionen gehören. Sie können zu Krankheiten und zu chronischen, also wiederkehrenden Erkrankungen führen. Dazu können auch

Erkrankungen wie Depressionen, Stoffwechselerkrankungen und Burnout gehören! Ganz vereinfacht sind es „Zivilisationskrankheiten"!

Jacobson forschte und schrieb 1910 seine Doktorarbeit. Er arbeitete mit zahlreichen Patienten und stellte so einen Therapieplan zusammen. Damals noch sollten seine Patienten 56 Sitzungen von mindestens einer Stunde täglich absolvieren.
Keine Angst, so müssen Sie es nicht machen!
Seine Forschung zeigte, dass Angst und Stress immer mit einer Anspannung der Muskulatur verbunden sind. Die Umkehr daraus ist, dass wir durch Muskelentspannung keine Angstzustände erleben und so nicht in einen Stresszustand geraten können. Dadurch sind dann auch Körper und Seele entspannt.
Stellen Sie sich eine echte Angstsituation vor! Das kann für jeden Menschen eine andere Situation sein. Eine Spinne, die im Wohnzimmer an der Decke läuft. Dick und fett, richtig haarig! Was machen? Angst kommt auf, auch wenn es einige Men-

schen belächeln, Sie haben Angst vor dieser Spinne, oder besser gesagt, vor dieser Situation mit der Spinne. Denn genaugenommen wissen Sie, dass Ihnen diese Spinne nichts tun wird. Dennoch, Sie spannen Ihre Muskeln an, Sie verkrampfen. Andere Menschen haben andere Ängste. Das Betreten einer Rolltreppe, Angst zu versagen, Angst in ein „Fettnäpfchen" zu treten oder Angst, nicht das zu leisten, was verlangt wird. Immer wenn diese Angst in Ihnen aufkommt, dann verkrampfen Sie. Oft führt es zu einem verspannten Nacken oder gar zu einem eingeklemmten Nerv! Das wollen wir ändern.

Die Progressive Muskel Entspannung – jetzt PME – läuft nach festen Regeln ab. Die Umsetzung können Sie jedoch jederzeit variieren.

Muskeln werden absichtlich angespannt. Diese Anspannung wird eine gewisse Zeit gehalten und wahrgenommen. Danach wird sie abrupt, also plötzlich losgelassen und man spürt dann die Entspannung. Ziel dieser Übung ist es, den Unterschied zwischen Anspannung und Entspannung zu fühlen. Wir können so bei uns Anspannungen und Verspannung aufsuchen und dort gezielt entspannen.

Das klingt noch verwirrend, jedoch ist es ganz einfach und Sie werden es schnell erlernen.

Wir arbeiten in fünf Schritten:

- Spüren des Muskels
- Anspannen
- Halten
- Loslassen
- Nachspüren

Unser Körper wird dabei in verschiedene Muskelgruppen unterteilt.

Der Anfänger beginnt bei 4 Gruppen, dann später erweitern sich die Gruppen auf 7 und 10. Der Profi arbeitet später dann mit 17 Muskelgruppen.

Sie beginnen als Neuling bitte mit einer Trockenübung.

Wie Sie auf der Abbildung erkennen können, gehören in die Gruppe

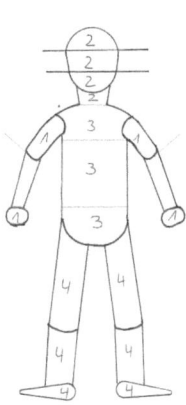

1. beide Arme und Hände
2. Kopf, Stirn und Hals
3. Rumpf
4. beide Beine und Füße

Der beste Aussichtsturm im Leben ist Ausgeglichenheit.

Unbekannt

Die Aufteilung der fortgeschrittenen PME geht so:

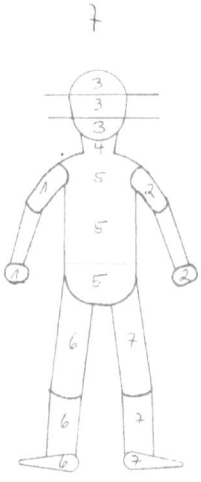

In der Gruppe

1. Rechter Arm, rechte Hand
2. Linker Arm, linke Hand
3. Stirn, Kopf
4. Hals
5. Rumpf
6. Rechtes Bein, rechter Fuß
7. Linkes Bein, linker Fuß

Die Aufteilung der erweiterten fortgeschrittenen PME geht wie folgt:

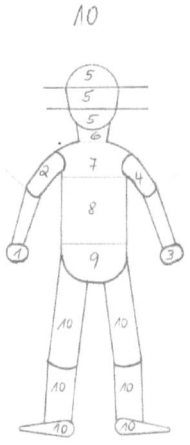

In der Gruppe

1. Rechte Hand und rechter Unterarm
2. Rechter Oberarm
3. Linke Hand und linker Unterarm
4. Linker Oberarm
5. Stirn, Kopf
6. Hals
7. Brust, Schulter und Rücken
8. Bauch

9. Gesäß und Beckenboden
10. Rechtes und linkes Bein, rechter und linker Fuß

Wählen Sie am besten bequeme Kleidung, legen Sie Gürtel, Krawatte oder enge Kleidung ab. Schmuck, Uhr und Brille bitte auch ablegen.
Gibt es bereits eine Muskelgruppe, die stark angespannt oder verspannt ist, so sollten Sie diese während der Übungen nicht mehr so stark, sondern nur ganz leicht, anspannen.

Suchen Sie sich einen ruhigen Platz für Ihre erste Trockenübung, vielleicht ein bequemer Stuhl, Sessel oder das Bett.
Arme liegen bequem neben dem Körper, die Beine stehen/liegen nebeneinander – nicht überschlagen!

Testen wir nun:

Fühlen Sie in Ihre rechte Hand und in den rechten Arm. Machen Sie nun eine Faust. Der Arm bleibt dabei ganz locker. Nun fühlen Sie die Anspannung in der Hand, dem Daumen und in den Fingern. Lassen Sie nun plötzlich los. Spüren Sie nun in die Entspannung hinein und bemerken Sie den Unterschied. Gleich noch einmal mit der linken Seite.
Fühlen, Faust machen, anspannen, fühlen, loslassen und fühlen. Das ist alles. Wichtig dabei ist, dass Sie unbedingt weiteratmen.

Bei der ersten Figur arbeiten Sie sich nun durch die vier Positionen. Die Phase der Anspannung sollte 5 -7 Sekunden dauern, nicht länger. Die Phase am Ende der Entspannung darf gerne länger dauern. Das Ziel dieser Übung ist die Entspannung, nicht die Anspannung. Es ist jedoch so, dass wir durch den Wechsel zwischen Anspannung und Entspannung erst zu unserem Ziel der Entspannung gelangen.

Üben Sie diesen Wechsel nach dem Muster für alle Muskelgruppen.

Eine ganz besondere Übung, die Ihnen sicherlich gefallen und helfen wird, ist die Kieferübung.
Viele Menschen leiden unter Verspannungen im Kieferbereich. Bei vielen Dingen des Alltags verkrampfen wir uns und beißen die Kiefer zusammen. Da tragen auf Dauer nicht nur Zähne Schaden davon. Es kann zu Kopfschmerzen, zu Nacken- und Schulterbeschwerden und zu Beschwerden in den Kieferhöhlen kommen. Ich spreche dabei aus meiner ganz eigenen Erfahrung. Erkennt man die Ursache für die Beschwerden, also die Verkrampfung im Kiefer, kann man sie ganz schnell beheben. Nach einigen Tagen werden Sie eine Besserungen spüren, dann sind die Muskelanspannungen im Kiefer verschwunden! Sie sollten es regelmäßig, also mehrmals täglich anwenden. So kommen Sie zu einem schnellen Erfolg!

Anleitungen dazu finden Sie wieder im zweiten Teil des Buches.

Viel Erfolg!

*Kein Tag hat genug Zeit,
aber jeder Tag sollten wir uns
genug Zeit nehmen.*

John Donnerstag

4 Kontraindikationen

Grundsätzlich kann natürlich jeder Mensch einen Weg zur Entspannung suchen und finden. Bei einigen Erkrankungen sollten Sie bevor Sie Ihre Übungen starten Ihren Arzt oder Psychotherapeuten fragen, ob Entspannungsübungen bei Ihnen angebracht sind und welche Übungen sich am besten für Sie eignen.

Zu diesen Erkrankungen zählen unter anderem:

- ➢ akute Psychosen
- ➢ akute Depressionen
- ➢ Schizophrenie
- ➢ Demenz

Auch bei einigen Angststörungen kann es sinnvollsein, ärztlichen Rat einzuholen.

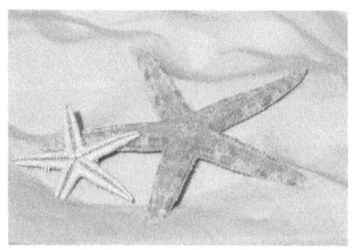

5. Übungen

Damit Sie direkt mit diesen Texten arbeiten können, werde ich, so wie auch bei der Arbeit in meiner Praxis, Sie jetzt mit DU ansprechen.
Unser Unterbewusstsein reagiert einfach besser, wenn man es duzt als wenn man es siezt.

Trinken Sie ausreichend Wasser, am besten stilles Wasser, vor und nach den Übungen.

Für den Verlauf im Buch werden Sie verschiedene Übungen kennenlernen.
Ich werde sie kennzeichnen, damit sie leicht zu unterscheiden sind.

- ❖ Leichte Übungen
- ▪ Mittelleichte Übungen
- o Übungen für den Profi

Beginnen Sie mit den leichten Übungen. Bauen Sie diese Übungen in Ihren Alltag ein, so lange bis es zu Ihnen gehört wie

Essen und Trinken! Erweitern Sie nach und nach Ihre Übungen. Probieren Sie aus, was Ihnen gefällt. Geben Sie sich und Ihrem Körper die Zeit, die er braucht. Also, nicht gleich aufgeben, wenn mal eine Übung nicht gleich klappt!

Bei einigen Übungen werden Sie beim ersten Mal denken: „Was soll das denn nun?"
Es gibt Erfahrungswerte, warum man Übungen so und nicht anders macht. Das gilt unter anderem auch beim Autogenen Training. Ich höre oft, ich mache das aber so und nicht so…. Versuchen Sie es bitte, genauso zu machen, wie es die Anleitung vorgibt. Nach und nach wird es auch Ihnen „in Fleisch und Blut" übergehen.

Lesen Sie sich Ihre Wunschübungsaufgabe durch. Vielleicht mehrfach, je nach Länge der Aufgabe.
Vielleicht haben Sie einen Übungspartner? Dann kann im Anfang gerne eine Person lesen und die zweite Person die Übung vollziehen.

Auch hier gilt, probieren Sie für sich aus, was für Sie am besten ist.

5.1 Atemübungen

❖ **Übung 1**

Setzte dich an einen stillen Ort. Wähle eine bequeme Position. Und nun atme ein und aus. Beobachte dabei deinen Atem. Atme ruhig und gleichmäßig. Ein und aus. Ein und aus. Dabei darfst du dich entspannen. Deine Gedanken formulieren einen Satz:

„Ich bin völlig ruhig und gelassen."

Denke diese Formel wann immer du kannst. Dabei atmest du ruhig ein und aus. Ein und aus. Spüre wie dein Atmen durch den Körper fliest. Ein und aus. Ein und aus. Wähle dein eigenes Tempo.

„Ich bin völlig ruhig und gelassen".

Diese Übung kann man immer und überall machen. Am Arbeitsplatz, im Bus, in der Schlange am Supermarkt. Starte deinen Morgen mit der Übung und beende deinen Tag abends im Bett mit der Übung.

„Ich bin völlig ruhig und gelassen".

❖ Übung 2

Nimm deine Hände vor den Körper, lege die Handflächen gegeneinander und führe sie so vor den Brustkorb – wie bei einem Gebet. Deine Ellenbogen zeigen dabei nach außen.

Nun atme tief ein und aus. Ein und aus. Ein und aus. Nase – Mund, Nase-Mund, Nase-Mund.

Dann nimmst du die Hände herunter und lässt sie locker neben deinem Körper

hängen. Gönne dir eine kurze Pause. Beobachte deine Atmung. Fühle in dich hinein und nimm die Entspannung wahr.
Dann hebe die Hände erneut vor die Brust und beginne erneut mit der bewussten Atmung.

Diese Übung kannst du mehrmals hintereinander machen.

„Ich bin völlig ruhig und gelassen".

❖ **Übung 3**

Die Arme hoch über den Kopf heben, dabei den Brustkorb weiten und tief einatmen. Den Körper dehnen und strecken. Beim Senken der Arme wieder durch den Mund ausatmen.
Mehrfach wiederholen.

❖ **Übung 4**

Im Sitzen oder Stehen:

Tief einatmen, dabei die Schultern anheben. So als wolltest du deine Ohren mit ihnen berühren.
Den Atmen einen Moment anhalten.
Dann tief durch den Mund ausatmen und die Schulter hängen lassen.

Mehrfach wiederholen.

❖ **Übung 5**

Im Sitzen oder Stehen:

Ahme Tiere nach, zum Beispiel:

Summe wie eine Biene. Brülle wie ein Löwe. Schnattere wie eine Ente.

Immer mehrfach wiederholen. Gut geht dabei auch ein übertriebenes Gähnen und Stöhnen.

▪ **Übung 6**

Am besten im Sitzen:

Atme tief ein und zähle dabei bis Drei.
Dann halte den Atem an, dabei zählst du ebenso bis Drei.
Dann ausatmen und dabei bis Drei zählen.
Mehrfach wiederholen.

Einatmen 1, 2, 3,
Atem anhalten, 1, 2, 3
Ausatmen 1, 2, 3,
Mehrfach wiederholen.
Wenn das gut klappt, kannst du das Zählen steigern.
Bis vier zählen …
Vielleicht später bis fünf …

- **Übung 7**

Setze dich entspannt hin.

Atme tief ein und richte deine Aufmerksamkeit dabei auf deine Schädeldecke. Spüre wie der Atem durch den Körper nach oben fließt.
Dann atme wieder durch den Mund aus und richte deine Aufmerksamkeit dabei auf deinen Bauch.

3 – 4 Mal wiederholen.

- **Übung 8**

Führe deine Hände vor deiner Brust zusammen. Dabei berühren sich nur die Fingerkuppen ganz leicht. Erhöhe den Druck auf die Fingerkuppen, bis du deinen eigenen Puls fühlen kannst.

Jetzt atme ruhig ein uns aus. Ein und aus. Ein und aus. Spüre nun wie sich dein Pulsschlag verlangsamt. Ein und aus.

Wiederhole diese Übung für etwa 4 Minuten.

❖ **Übung 9**

Wann immer du in eine stressbehaftete Situation kommst halte einen Moment inne. Atme tief ein und aus. Wiederhole es mindestens dreimal. Dann fahre in der Situation fort.
Das klappt auch, wenn man wütend oder sauer ist und normalerweise eine Antwort geben würde, über die man sich später ärgert!
Atme zuerst tief ein und aus. Ein und aus. Versuche dabei nur an deine Atmung zu denken. Folge dem Sauerstoff in den Körper und spüre wie die verbrauchte Luft deinen Körper wieder verlässt.

Denke daran, in Stress - Momenten kann man nicht richtig denken.

o **Übung 10**

Setze oder lege dich bequem hin. Schließe die Augen. Atme tief ein und aus. Dann richte deine Aufmerksamkeit zu deinem Kopf. Ein und aus. Dann wandere mit der Aufmerksamkeit langsam zum Hals. Ein und aus. Und so über die Brust, den Bauch, den Beinen zu den Füßen. Dabei immer tief ein und ausatmen. Du spürst wie die Entspannung durch den Körper fließt und du Atemzug für Atemzug ruhiger und entspannter wirst.

Diese Übung kann man auch sehr gut im Bett vor dem Einschlafen machen.
Wie lange du an den einzelnen Positionen verbleibst, kannst du ausprobieren und der Situation anpassen.

*Lache das Leben an:
Vielleicht lacht es zurück!*

Jean Paul

5.2 Achtsamkeitsübungen

❖ **Übung 1**

Gehe heute bewusst durch den Tag und achte auf alle Dingen, die du siehst, die ROT sind.
Ein rotes Auto, eine rote Jacke auf der Straße, die rote Ampel, ein leckerer Apfel....

Diese Übung kannst du jeden Tag mit einer anderen Farbe machen.

❖ **Übung 2**

Bei dieser Übung stehst du selbst im Mittelpunkt.
Jedes Mal, wenn du einen Spiegel siehst, halte kurz inne und schaue dich an. Den-

ke: Ich finde mich gut! Oder: Ich bin toll! Oder Ich liebe mich!

Du kannst immer denselben Satz sagen oder du wählst bei jedem Spiegel eine andere Variante!

❖ **Übung 3**

Immer, wenn du durch eine Tür gehen musst, die geschlossen ist, halte kurz inne und denke an einen Wunsch, den du hast. Formuliere dann einen Satz dazu:

Beispiel:

Hand an der Türklinke, oder am Knopf des Fahrstuhls, drücken und dann denke:
„Ich freue mich auf meinen neuen Arbeitsplatz!"

Oder:

„Ich freue mich auf heute Abend!"
„Ich freue mich auf den nächsten Urlaub!"

o **Übung 4**

Setze dich vor einen Spiegel. Schaue dich an. Betrachte dich ganz genau. Von oben nach unten. Denke dabei: Ich bin schön. Ich liebe mich. Ich finde mich toll. Ich bin gut.

Suche deine eigenen Sätze. Der Satz: Ich liebe mich sollte vorhanden sein.

Du kannst auch variieren:

Ich liebe mich, so wie ich bin.
Ich liebe mich, weil ich so bin, wie ich bin.
Ich liebe mich sehr.
Ich liebe mich immer mehr.

- **Übung 5**

Achte heute den ganzen Tag auf alle Tiere, die dir begegnen. Das kann ein Hund oder eine Katze sein. Es können Vögel sein, oder ein Käfer am Boden.
Begrüße die Tiere leise und in Gedanken für dich. Natürlich darfst du sie auch laut ansprechen, wenn du es möchtest und es in die Situation passt. Vielleicht der Hund vom Nachbarn?
Achte darauf, wie die Tiere dir begegnen und wie sie auf dich reagieren?
Hat sich da etwas verändert?

Wiederhole diese Übungen an einem andern Tag und schaue, ob es immer wieder bestimmte Tiere sind, die sich dir zeigen.

○ **Übung 6**

In dieser Übung gilt unsere Achtsamkeit fremden Menschen. Achte auf die Menschen, die dir heute begegnen. Schaue sie an und lächle. Vielleicht in der Bahn? Oder an der roten Ampel? Oder im Fahrstuhl? Schaue, wie die Menschen reagieren, wenn du sie anlächelst!
Eine wunderschöne Übung, die viel Freude in den Tag bringt!

▪ **Übung 7**

Gönne dir eine Pause, setzte dich in eine bequeme Position.
Nun achte auf alle Geräusche, die du wahrnimmst.
Vögel, Blätter, Stimmen, vielleicht auch Stille!

❖ **Übung 8**

Wähle einen Platz, an dem du eine gewisse Zeit ungestört sein kannst. Vielleicht im Garten, an einem See, in einem Park oder auch in einem Raum.
Nun gehe einfach aber sehr bewusst zum Beispiel im Kreis. Spüre jeden Schritt. Spüre den Boden unter deinen Füßen. Wenn du kannst, gehe barfuß, also ohne Schuhe und Strümpfe. Dann spüre den Unterschied.

❖ **Übung 9**

Nehme deine nächste Mahlzeit sehr bewusst ein. Schmecke jeden Bissen, kaue aufmerksam und spüre die Unterschiede im Mund. Weich, hart, mehlig, saftig….

Genieße dein Essen!

❖ **Übung 10**

Beginne den Tag mit Achtsamkeit. Du liegst im Bett und wist wach oder der Wecker klingelt. Jetzt nicht aus dem Bett hasten, sondern:
Achte auf deinen Körper. Wie liegst du im Bett? Achte auf deinen Atem. Hast du Hunger oder Durst?
Jetzt formuliere einen positiven Satz für den Tag, wie zum Beispiel:

„Heute wird ein toller Tag!"
„Heute wird mir alles gelingen!"
„Mir wird es heute richtig gut gehen!"

❖ **Übung 11**

Am Ende eines Tages notiere dir in einem Buch, welche positiven Erlebnisse du heute hattest. Wähle jeden Abend vielleicht 5 oder 7 Erlebnisse. Schließe den Tag am Abend mit diesem Ritual ab. So endet dein Tag immer mit einer positiven Erinnerung!

❖ **Übung 12**

Suche dir einen vertrauten Gegenstand in deiner Nähe. Das kann alles sein, ein Kugelschreiber, ein Löffel, eine Wäscheklammer….
Schließe nun die Augen und fühle diesen Gegenstand. Ist er weich, hart, hat er eine glatte Oberfläche?
Du kannst auch eine Person in deiner Nähe bitten, dir einen Gegenstand zu reichen, den du mit bereits geschlossenen Augen in Empfang nimmst.
Fühle bewusst!

❖ **Übung 13**

Nimm dir etwas aus deiner Umgebung in die Hand. Nun rieche daran. Spüre wie der Duft durch deine Nase zieht. Was empfindest du dabei?
Vielleicht eine Orange, oder einen Apfel? Es kann auch etwas ganz Alltägliches sein, wie zum Beispiel eine Tageszeitung oder die Tasse Kaffee beim Frühstück!
Entdecke deine Umgebung mit der Nase!

❖ **Übung 14**
   für zwei oder mehr Personen

Lege einige Gegenstände unter ein Tuch oder unter eine Decke. Die andere Person oder die anderen Personen fühlt/fühlen nun mit geschlossenen Augen unter die Decke. Können Sie die Gegenstände erfühlen und so bestimmen?

Es ist doch ganz erstaunlich,
was ein einziger Sonnenstrahl
mit der Seele des Menschen
machen kann.

Fjodor M. Dostojewski

❖ Übung 15

Versuche heute immer zu Lächeln! Auch wenn du alleine bist und an etwas ganz anderes denkst: lächle!

❖ Übung 16

Wähle ein Lebensmittel aus, vielleicht ein Stückchen Schokolade, eine Erdbeere oder einen Apfel.

Was siehst du? Farbe, Form, Beschädigungen?
Was fühlst du? Weich? Hart? Rau oder glatt?
Was riechst du? Aroma? Duft?
Leck doch mal an dem Apfel….
Dann vorsichtig reinbeißen….
Geschmack? Konsistenz? Saft?
Kaue den Apfel, ganz langsam.
Was schmeckst du?

Beim nächsten Mal nimm ein anderes Lebensmittel!

5.3 Phantasiereisen

Lasse deiner Phantasie freien Lauf. Nimm diese Übungen als Hilfe und als Einstieg. Du kannst jede Übung frei verändern und an anderen Orten stattfinden lassen.

Vielleicht hast du Möglichkeit, dass dir jemand diese Texte vorliest oder du sprichst sie dir auf dein Handy. Für den Start mit diesen Reisen eine gute Möglichkeit, sich von Anfang an „fallen zu lassen".

Mit etwas Übung kannst du diese Reisen dann auch ohne Unterstützung machen.
Auch gilt, wie bei all diesen Entspannungsübungen, alles, was dir hilft, ist richtig.
Du kannst hier die Textpassagen gerne verändern.

Dieses sind Vorschläge für deine Phantasiereisen.

Bitte beachte, wenn du diese Reisen unternimmst, lasse dir Zeit.
Zwischen den einzelnen Hinweisen, lasse dir Zeit.
Wenn du es vorliest oder aufnimmst, immer Pausen einlegen.
Du sollst dich während der Reise entspannen und dich auf die einzelnen Situationen konzentrieren können.

In der Ruhe liegt die Kraft!

❖ **Übung 1 – Wald**

Suche eine bequeme Position für die Entspannung.
Lege oder setze dich bequem hin.
Deine Arme und Beine sind locker und gelöst, die Hände liegen bequem auf oder neben deinen Oberschenkeln.
Dein Atem fließt ruhig. Ein und aus. Ein und aus.
Nimm dir Zeit für deine Entspannung. Lass es dir gut gehen.
Du darfst jetzt deine Augen schließen, oder etwas später, wie es für dich richtig ist und wie es sich richtig anfühlt.
Spüre deinen Körper auf dem Stuhl oder auf der Matte…
Du bist völlig ruhig und gelassen und entspannt.
Sollten sich noch Gedanken einstellen, packe sie in eine Wolke und lasse sie vorbeiziehen.
(oder packe sie in eine Schachtel, die du zuschieben kannst)
Erlaube dir einige wohlige Atemzüge. Ein und aus. Ein und aus.

Nimm deinen Atem wahr und spüre wie du immer tiefer und tiefer entspannst.
Du bist völlig ruhig und gelassen.

Du stehst jetzt in einem kleinen wunderschönen Raum.
Es ist ganz still hier.
Schaue dich um. Genieße die Stille.
Betrachte den Raum. Was gibt es hier?
Am Ende des Raumes siehst du eine kleine Tür.
Sie öffnet sich. Tritt durch sie hindurch.
Du stehst jetzt in einem wunderschönen Wald.
Gehe einige Schritte.
Spürst du den Boden unter deinen Füßen?
Schaue dich um, siehst du die Blumen am Wegesrand?
Vielleicht kannst du den Duft des Waldes riechen?
Hörst du das Zwitschern des Vogels?
Vielleicht siehst du noch andere Tiere, die dich auf dem Weg begleiten?
Alle Tiere hier sind freundlich zu dir.
Die Sonne scheint und du spürst die Wärme in deinem Gesicht.

Du gehst weiter auf dem kleinen Weg durch den Wald.
Vielleicht hörst du das Rauschen eines Baches?

Am Ende des Weges steht ein großer Baum mit einer mächtigen Baumkrone.
Wenn du möchtest, darfst du dich an seinen Stamm legen oder dich unter den Baum setzen…
Spüre die Ruhe und die Kraft, die von diesem Baum ausgeht …
Genieße diese Stille und nehme die Kraft in dich auf…
Wenn du bereit bist, stehe wieder auf, verabschiede dich von dem Baum…
Gehe dann langsam den Weg zurück, über den du gekommen bist….
Gehe zurück zu der Tür und zurück in den kleinen Raum…

Komme langsam zurück in die Wirklichkeit …

Nimm einige tiefe Atemzüge der Wachheit…

Fange an deine Hände zu bewegen, die Finger…
Öffne deine Augen…

Recke dich und strecke dich…

Jetzt bist du wieder frisch und wach und tief entspannt.

- **Übung 2 Strand**

Suche eine bequeme Position für die Entspannung.
Lege oder setze dich bequem hin.
Deine Arme und Beine sind locker und gelöst, die Hände liegen bequem auf oder neben deinen Oberschenkeln.
Dein Atem fließt ruhig. Ein und aus. Ein und aus.
Nimm dir Zeit für deine Entspannung. Lass es dir gut gehen.
Du darfst jetzt deine Augen schließen, oder etwas später, wie es für dich richtig ist.
Spüre deinen Körper auf dem Stuhl oder auf der Matte…
Du bist völlig ruhig und gelassen und entspannt.
Sollten sich noch Gedanken einstellen, packe sie in eine Wolke und lasse sie vorbeiziehen.
Erlaube dir einige wohlige Atemzüge. Ein und aus. Ein und aus.
Nimm deinen Atem wahr und spüre wie du immer tiefer und tiefer entspannst.

Du stehst jetzt in einem kleinen wunderschönen Raum.

Es ist ganz still hier.

Schaue dich um. Genieße die Stille.

Am Ende des Raumes siehst du eine kleine Tür.

Sie öffnet sich. Tritt durch sie hindurch.

Du stehst an einem wunderschönen Strand.

Du blickst auf das Meer, die Wellen fallen sacht an das Ufer.

In der Ferne siehst du einige Palmen, die sich im Wind leicht bewegen.

Rieche den Duft des Meeres …...

Vielleicht siehst du einige Möwen am Himmel?

Gehe einige Schritte und spüre den Sand an deinen Füßen und zwischen deinen Zehen…

Du bist völlig ruhig und entspannt.

Spürst du den sanften Wind auf deiner Stirn?

Nimm dir Zeit, dich in Ruhe umzusehen…

Suche dir einen schönen Platz und setze dich in den Sand…

Spürst du die Wärme der Sonne?

In der Ferne ziehst du eine Gestalt kommen…
Es ist ein Fabelwesen…
Wenn du möchtest, wird es zu dir kommen…
Wenn nicht, wird es wieder gehen…
Du entscheidest, was geschieht…
Du kannst das Wesen alles fragen, was dich bewegt…
Denke daran, alle Wesen hier sind freundlich zu dir…
Wenn du mit dem Wesen gesprochen hast, bedanke dich bei ihm…
Danach kannst du, wenn du es für richtig hältst aufstehen.
Gehe den Weg zurück am Strand.
Genieße noch einmal die Sonne, den Wind, das Wasser und die Ruhe hier.
Gehe zurück zu der Tür und kehre in den kleinen Raum zurück.
Komme langsam zurück in die Wirklichkeit …
Nimm einige tiefe Atemzüge der Wachheit…
Fange an deine Hände zu bewegen, die Finger …
Öffne deine Augen…

Recke dich und strecke dich…
Jetzt bist du wieder frisch und wach und tief entspannt.

*Das Feuer in seiner Seele
Soll man nie ausgehen lassen,
sondern schüren.*

Vincent van Gogh

○ **Übung 3 - Helfer**

Suche eine bequeme Position für die Entspannung.
Lege oder setze dich bequem hin.
Deine Arme und Beine sind locker und gelöst, die Hände liegen bequem auf oder neben deinen Oberschenkeln.
Dein Atem fließt ruhig. Ein und aus. Ein und aus.
Nimm dir Zeit für deine Entspannung. Lass es dir gut gehen.
Du darfst jetzt deine Augen schließen, oder etwas später, wie es für dich richtig ist.
Spüre deinen Körper auf dem Stuhl oder auf der Matte…
Du bist völlig ruhig und gelassen und entspannt.
Sollten sich noch Gedanken einstellen, packe sie in eine Wolke und lasse sie vorbeiziehen.
Erlaube dir einige wohlige Atemzüge. Ein und aus. Ein und aus.
Nimm deinen Atem wahr und spüre wie du immer tiefer und tiefer entspannst.

Du stehst jetzt in einem kleinen wunderschönen Raum.

Es ist ganz still hier.

Schaue dich um. Genieße die Stille.

Am Ende des Raumes siehst du eine kleine Tür.

Sie öffnet sich. Tritt durch sie hindurch.

Du stehst jetzt in einem wunderschönen Wald.

Gehe einige Schritte.

Spürst du den Boden unter deinen Füßen?

Schaue dich um, siehst du die Blumen am Wegesrand …

Vielleicht kannst du den Duft des Waldes riechen?

Hörst du das Zwitschern des Vogels?

Vielleicht siehst du noch andere Tiere, die dich auf dem Weg begleiten.

Alle Tiere hier sind freundlich zu dir.

Die Sonne scheint und du spürst die Wärme in deinem Gesicht.

Du gehst weiter auf dem kleinen Weg durch den Wald.

Vielleicht hörst du das Rauschen eines Baches?

Am Ende des Weges steht ein großer Baum mit einer mächtigen Baumkrone.
Wenn du möchtest, darfst du dich an seinen Stamm legen oder dich unter den Baum setzen?
Spüre die Ruhe und die Kraft, die von diesem Baum ausgeht …
Genieße diese Stille und nehme die Kraft in dich auf…
In der Ferne siehst du ein Wesen, was auf dich zukommt.
Es kann eine Fee sein, oder ein Fabelwesen, es kann die Gestalt eines Menschen haben, oder es kann ein Geist sein, es kann ein Tier sein…
Denke immer daran, alles was dir hier passiert, ist gut und richtig.
Das Wesen kommt näher.
Es möchte dir helfen.
Es möchte mit dir sprechen, wenn du es willst.
Sei ruhig und entspannt, es ist alles gut.
Das Wesen ist nun bei dir. Es setzt sich neben dich auf den Boden unter den Baum.
Begrüße es und freue dich, es meint es gut mit dir.

Ich nenne das Wesen jetzt Helfer.
Du darfst diesen Helfer alles fragen, was du möchtest.
Er wird dir helfen, er wird dir Antworten geben.
Geht es dir gut?
Genieße seine Anwesenheit.
Freue dich, dass er dir hilft.
Danke ihm am Ende des Gespräches für seine Hilfe.
Du bist völlig ruhig und gelassen.
Wenn du möchtest, wird der Helfer aufstehen und gehen.
Auch du kannst, wenn für dich die Zeit gekommen ist, aufstehen und zurück zu der kleinen Tür gehen.
Gehe zurück zu der Tür und kehre in den kleinen Raum zurück.
Komme langsam zurück in die Wirklichkeit …
Nimm einige tiefe Atemzüge der Wachheit…
Fange an deine Hände zu bewegen, die Finger …
Öffne deine Augen…
Recke dich und strecke dich…

Jetzt bist du wieder frisch und wach und tief entspannt.

❖ Schamanische Reisen für den Anfänger

Die Reisen sind so vielfältig, dass Ungeübte sie nur geführt erleben können. Ich erlebe es jedoch immer wieder, dass es Menschen gibt, die einen sofortigen Zugang zu ihrer inneren Welt erleben dürfen.
Versuche es, vielleicht spricht es dich an.
Wenn es nicht sofort klappt, lasse dir Zeit und versuche es später erneut, wenn du denkst, die Zeit wäre dafür richtig.
Wenn du möchtest, darfst du dazu auch gerne räuchern.
Vielleicht besitzt du Räucherwaren? Räucherstäbchen?

Suche dir einen ruhigen Platz, vielleicht in deinem eigenen Ruheraum. Finde deine eigene Stille.

Nimm eine bequeme Position ein. Fühle dich wohl in der Position.

Du kannst die Augen schließen oder geöffnet lassen. Ganz wie du es möchtest. Wenn du deine Augen offen hast, suche dir einen festen Punkt, den du betrachten kannst. Vielleicht einfach auf den Boden. Du darfst auch eine Kerze entzünden.

Entspanne dich jetzt. Lasse alles los. Entspanne deinen ganzen Körper. Die Schultern werden locker. Lasse sie einfach hängen.
Atme tief ein und aus.
Versuche während des Atmens bis drei zu zählen.

Einatmen 1,2,3
Atem anhalten   1,2,3
Ausatmen 1,2,3,
Atempause 1,2,3

Versuche diese Atemübung mehrfach.
So bekommst du einen schnelleren Zugang zu deiner inneren Welt.

Stelle dir vor, du bist an einem Ort deiner Wahl, der dich glücklich macht.
Vielleicht ein Wald oder ein Strand.
Du gehst dort entlang und kommst an eine Treppe.
Sieh dir die Treppe an.
Sie führt einige Stufen hinab.
Gehe diese Stufen hinab und zähle dabei.
Eins, zwei, drei, vier, fünf.
Nun bist du unten angekommen.

Schaue dich hier um.
Was kannst du sehen?
Wo bist du?
Gehe langsam weiter.
Schaue dich um.
Siehst du hier ein Tier?
Oder vielleicht eine Gestalt?
Vielleicht begegnet dir ein Fabelwesen.
Habe keine Angst. Alle Wesen hier sind nett und gut zu dir.
Wenn du möchtest, suche dir einen ruhigen Platz und schaue dich um.
Warte etwas, während du dich umsiehst.
Vielleicht kommt ein Wesen zu dir.
Vielleicht spricht es mit dir.
Wenn du ein Wesen siehst, begrüße es freundlich.
Frage es doch einmal, wer es ist.
„Guten Tag. Wer bist du?"
Wenn es antwortet, freue dich. Bedanke dich dafür, dass es dir antwortet.
Du darfst es auch gerne weiter befragen.
„Was kann ich für dich tun?"
Schau, ob es einen Wunsch hat.
Wenn es den Wunsch äußert, erfülle ihn auf jeden Fall.
Bleibe ruhig und gelassen.

Wenn du möchtest, darfst du gerne hier eine Weile sitzen bleiben.
Du darfst auch gerne weiter gehen.
Wenn du zurück möchtest, dann gehe genau den Weg, den du gekommen bist, zurück.
Gehe zurück zu der Treppe.
Gehe die Stufen wieder hinauf.
Zähle dabei die Stufen.
Ein, zwei, drei, vier, fünf.
Nun bist du wieder oben angekommen.
Nimm einen tiefen Atemzug.
Du darfst jetzt wieder wach werden.
Atme tief ein und aus.
Öffne deine Augen und du fühlst dich wach, fit und ganz entspannt.

5.4 Der Zauberstab

Nutze deinen eigenen imaginären Zauberstab wann immer du Hilfe brauchst.
Er kann dir während einer Phantasiereise den Weg freimachen. Er kann dich frei machen. Er kann dir Hilfe geben, wenn du verunsichert bist. Er kann dir imaginär während einer Prüfung helfen, um die richtige Antwort auf eine Frage zu finden.

❖ **Beispiele für den Einsatz**

Ich hebe meinen Zauberstab und der Vorhang öffnet sich automatisch.

Ich führe meinen Zauberstab mit mir, er wird mich auf der Reise beschützen.

Ich zeige meinen Zauberstab und hole damit Hilfe.

Ich hebe meinen Zauberstab und rufe damit meinen Helfer zu mir.

Der Zauberstab wischt alle trüben Gedanken weg und packt sie in eine Wolke oder in eine Schachtel.

Der Zauberstab kann dir deine Angst nehmen. Hebe ihn an und lass damit alle trüben Gedanken, alle bösen Wesen oder Feinde verschwinden.

Alles ist möglich, versuche es und übe es!

*Alles ist fremdes Eigentum,
nur die Zeit ist unser.*

Lucius Annaeus Seneca

5.5 Anker setzten

❖ **Alle Übungen**

Jeder legt seine persönliche Zielsetzung auf den Anker, hierzu Beispiele:

„Ich bin völlig ruhig gelassen."

„Ich schaffe alles."

„Ich glaube an mich."

„Ich liebe mich."

„Ich schaffe meine Prüfung."

„Ich bin mutig."

„Alkohol und Drogen sind unwichtig."

„Obst ist lecker."

„Ich finde immer die richtigen Antworten auf meine Fragen."

„Ich bin völlig ruhig."

„Es geht mir gut."

„Ich ernähre mich gesund."

„Ich liebe meine Umwelt."

„Ich arbeite gerne mit meinen Kollegen zusammen."

Es gibt keinen Weg zum Frieden,
denn der Frieden ist der Weg.

Mahatma Gandhi

5.6 Mentaltraining

❖ Übung 1

Starte den Tag mit einem positiven Satz:

Zum Beispiel:

„Heute ist ein toller Tag."
„Ich bin heute erfolgreich."
„Ich bin heute glücklich."

Wiederhole deinen Satz, wann immer du daran denkst. Schreibe ihn auf. Lese ihn dir vor.

Morgen wählst du einen anderen positiven Satz für deinen Tag.

- **Übung 2**

Denke an deinen Wunsch. Bilde einen positiven Satz und stelle dir deinen Wunsch bildlich vor.

Beispiel: Urlaub

„Ich freue mich auf meinen Urlaub in Hamburg. Ich sehe den Hafen und die Schiffe und freue mich auf den Besuch in der Elbphilharmonie am Abend."

Wiederholde diesen Satz mit den Bildern immer wieder!

- **Übung 3**

Bist du auf der Suche nach der großen Liebe?
Hier folgen einige Übungen dazu.

„Ich bin am richtigen Ort und treffe meinen Traumpartner."
„Ich weiß, mein Traumpartner ist da."
„Ich weiß, ich werde ihn bald treffen"

- **Übung 4**

Du hast einen neuen Job und möchtest damit ganz viel Geld verdienen.

Hier Beispiele dafür:

„Ich bin hier im richtigen Job."
„Ich verdiene hier täglich 500 ."
„Ich verdiene im nächsten Jahr 600 am Tag."
„Ich nutze mein Wissen, damit ich erfolgreich im Job bin."

❖ **Übung 5**

Du bist vielleicht erkältet und hast Kopfschmerzen?

„Ich bin gesund. Mein Kopf ist klar. Ich kann klar denken."

❖ **Übung 6**

Du hast heute einen wichtigen Termin. Beim Chef, bei der Behörde, bei einem Arzt, ...

„Ich bin heute ruhig und gelassen. Ich werde erfolgreich durch diesen Termin gehen. Ich werde erfolgreich sein."

❖ **Übung 7**

Du suchst neue Räume für deine Firma.

„Ich sehe, wie ich mit dem Makler durch die neuen Räume gehe. Alle Räume sind genauso, wie ich sie haben wollte. Die Miete liegt genau in meinem Budget. Ich fühle mich in den neuen Räumen wohl."

o **Übung 8**

Als Fortsetzung oder Vorschlag auf der Suche nach Wohnung oder neuen Räumen für die Firma.
Konkretisiere deinen Wunsch.

Beispiel:
Du suchst eine neue Wohnung, 3 Zimmer, Küche, Bad, Balkon, Keller, in der XY-Straße, die Miete 350 .

Bilde deinen Satz dazu:

„Ich bin völlig ruhig und gelassen und sehe meine neue Wohnung in der XY-Straße. Ich gehe durch die einzelnen Zimmer, Wohnzimmer, Schlafzimmer, Büro, Küche, Bad. Danach gehe ich auf den Balkon. Im Keller habe ich einen separaten Raum für mein Fahrrad. Die Miete beträgt nur 350 . Es ist schön hier und ich fühle mich wohl."

Auch diesen Satz schreibe auf und wieder hole ihn regelmäßig. Du kannst dazu auch den Anker setzen.

Formuliere deinen eigenen Satz, so wie er sich für dich schlüssig anfühlt. Der Zettel kommt auch ans Bett, er darf dich gerne auch am Tage begleiten.

*Wer mit Gelassenheit handelt,
erreicht, was er anstrebt.*

Weisheit aus Arabien

❖ **Übung 9**

Beginne jeden Tag mit einem positiven Gedanken.

Zum Beispiel, noch im Bett:

„Heute ist ein toller und erfolgreicher Tag."

„Ich freue mich auf diesen Tag."

„Ich freue mich auf alles, was ich heute erleben (erledigen) darf."

„Heute bin ich sehr glücklich!"

Kreiere deine eigenen Sätze!

❖ **Übung 10**

Suche dir dein persönliches Ziel in deinem Leben. Was kann es sein? Eine Reise, ein Besuch im Theater, eine bestandene Prüfung, eine neue Wohnung, oder, oder, oder…

Kreiere dazu einen positiven Satz. Diesen spreche und denke immer wieder, wie ein Mantra.

Beispiel:

Der Wunsch ist eine Reise nach Salzburg.

„Ich freue mich auf meine Salzburgreise im Frühjahr. Der Urlaub wird toll und es scheint immer die Sonne."

Nur ein Beispiel. Suche dein Ziel und deinen Satz.
Schreibe ihn zusätzlich auf und lege den Zettel ans Bett. Es wird der erste und der letzte Gedanke des Tages sein.

5.7. Glaubenssätze auflösen

Denke an deine eigenen verankerten Glaubenssätze, die du auflösen möchtest. Du hast sie aufgeschrieben …

Jetzt nimm dir jeden einzelnen Satz vor und kehre ihn ins Positive um.

Einige Beispiele habe ich dir schon gegeben.

„Ich schaffe das!"

„Ich weiß, ich schaffe meine Prüfung."

„Ich bin so wie ich bin. Ich fühle mich wohl."

„Ich weiß, ich finde den richtigen Partner für Leben."

Glaubenssätze, die wir immer in uns verankern können:

„Ich glaube an den Weltfrieden"

„Ich glaube an Liebe auf der Welt"

„Ich glaube an eine Zukunft in Liebe und Hoffnung"

Stelle dir zu jedem dieser Gedanken ein Bild vor. Visualisiere deinen Glaubenssatz und verbinde so Text und Bild.

Forme deinen eigenen Satz und dein eigenes Bild.

Überprüfe dich laufend. Nur so, kannst du gute Glaubenssätze in dir verfestigen!

Viel Erfolg!

DU SCHAFFST DAS!

5.8 Meditationsübungen

❖ Atemmeditation im Sitzen

Erlaube Dir, einen Moment der Ruhe. Setze dich hin und lasse einfach die Stille zu.

Suche dir einen ruhigen Platz, vielleicht in deinem eigenen Ruheraum. Finde deine eigene Stille.

Nimm eine bequeme Position ein. Achte darauf, dass du gerade sitzt, mit einem geraden Rücken, der Kopf sitzt senkrecht auf den Schultern. Fühle dich wohl in der Position.

Du kannst die Augen schließen oder geöffnet lassen. Ganz wie du es möchtest. Wenn du deine Augen offen hast, suche dir einen festen Punkt, den du betrachten kannst. Vielleicht einfach auf den Boden.

Entspanne dich jetzt. Lasse alles los. Entspanne deinen ganzen Körper. Die Schultern werden locker. Lasse sie einfach hängen und führe sie etwas nach hinten. So kann deine Atmung besser fließen.

Fühle die Entspannung in deinem Körper. Fühle wie du auf dem Stuhl oder auf dem Boden sitzt. Spüre den direkten Kontakt. Fühle noch einmal durch deinen Körper. Du bist jetzt völlig entspannt.
Atme tief ein und spüre deinen Atem. Spüre wie dein Atem durch deinen Körper fließt. Dann atme aus und fühle, wie der Atem deinen Körper wieder verlässt.
Bleibe dabei aufrecht sitzen. Und spüre bei jedem Atemzug wie dein Körper entspannt ist.

Atme ein und aus. Ein und aus.
Spüre wie dein Atem durch deinen Körper fließt.
Bleibe mit deinen Gedanken ganz bei deinem Atem.
Kommen Gedanken auf, packe sie in eine Wolke und lasse die Wolke ziehen.
Du bist bei deinem Atem.
Jetzt ist die Zeit für deinen Atem.

Atme tief und gleichmäßig. Spüre deinen Atem.
Wenn deine Gedanken dich fortreißen, versuche sie in die Wolke zu legen.
Komme zurück zu deiner Atmung.
Ein und aus. Ein und aus.
Versuche noch einen Augenblick weiter bei deiner Atmung zu bleiben.
Ein und aus. Ein und aus.
Wenn du immer mehr abwesend wirst, atme noch einmal tief ein und aus.
Dann recke dich, strecke dich und komme zurück aus der Meditation.

❖ **Kerzenmeditation**

Du kannst diese Meditation auch mit einem anderen Gegenstand ausführen. Ganz so, wie du es möchtest.

Suche dir eine bequeme Position für die Entspannung. Setze dich bequem hin. Nimm deinen Körper wahr. Spüre den Boden oder das Kissen oder den Stuhl unter deinem Körper. Entspanne dich. Lege deine Arme locker neben deinen Körper oder auf deine Beine.

Der Atem fließt ruhig ein und aus. Ein und aus. Ein und aus. Es geht dir gut.
Du bist völlig ruhig und gelassen.
Gönne dir einige weitere Atemzüge. Ganz ruhig und gelassen. Spüre den Atem, der durch deinen Körper fließt.

Jetzt richte deinen Blick auf die Kerze vor dir.
Schaue auf die Kerze und achte darauf, wie sie flackert.

Richte deine Gedanken nur auf das Flackern der Kerze. Und atme ein und aus. Ein und aus.
Sollten Gedanken aufkommen, packe sie liebevoll in eine Wolke und lasse sie einfach mit der Wolke weiterziehen.

Nun schließe deine Augen. Versuche die Kerze und das Flackern vor deinem inneren Auge zu sehen. Betrachte die Kerze vor deinem inneren Auge.
Dabei entspannt und ruhig weiteratmen. Ein und aus.
Genieße dieses Gefühl, wie der Atem kommt und geht. Ein und aus. Ein und aus.

Du kannst diese Meditation beenden, wann du es möchtest.
Stelle dein inneres Auge wieder auf deine Umgebung. Atme weiter. Ein und aus.
Öffne deine Augen und nimm deine Umgebung wahr.
Atme tief ein und aus und werde so wieder wach.
Du bist nun wieder wach, frisch und total entspannt.

Recke und strecke dich, gähne, ruhig laut, wenn du magst. Dehne dich, du bist jetzt wach und wieder zurück im Alltag.

o **Farbmeditation**

Es gibt fünf Elemente, zu dem jeweils eine Farbe gehört.
Jedes dieser Elemente wird nebenbei einem Organ des Körpers zugeordnet.
Du kannst nun alle Farben in einer Meditation ansprechen, oder jeweils nur eine Farbe in einer Meditation.

Hast du in einem der Organe eine Störung oder Erkrankung, dann kannst du speziell diese Farbe für eine Meditation wählen.

So sehen die Farben und die dazugehören
Organe aus:

BLAU – Nieren
GELB – Milz
WEISS – Lunge
GRÜN - Leber
ROT/ROSA – Herz

Während der Meditation stellst du dir dein Organ in dieser Farbe vor.
Du kannst entweder nur eine Farbe wählen, oder alle Farben nacheinander meditieren.

Bei Bluthochdruck:
    bitte ROSA wählen
Bei niedrigem Blutdruck:
    bitte ROT wählen

- **Farbmeditation mit einzelner Farbe**

Suche dir eine bequeme Position für die Entspannung. Setze dich bequem hin. Nimm deinen Körper wahr. Spüre den Boden oder das Kissen oder den Stuhl unter deinem Körper. Entspanne dich. Lege deine Arme locker neben deinen Körper oder auf deine Beine.

Der Atem fließt ruhig ein und aus. Ein und aus. Ein und aus. Es geht dir gut.
Du bist völlig ruhig und gelassen.
Gönne dir einige weitere Atemzüge. Ganz ruhig und gelassen. Spüre den Atem, der durch deinen Körper fließt.
Du kannst jetzt deine Augen schließen oder erst in einigen Augenblicken. Du brauchst die Augen nicht geöffnet halten. Entscheide du, was für dich am besten ist.
Und so kannst du dir einige wohltuende Atemzüge erlauben. Atme ruhig ein und aus. Ein und aus. Ein und aus. Spüre deinen Atem. Spüre wie der Atem durch deinen Körper fließt. Deine Atmung wird im-

mer ruhiger. Du bist völlig ruhig und gelassen.

Jetzt gehe mit deiner Aufmerksamkeit zu deiner Lunge. Lasse deine Lungenflügel im weißen Licht strahlen. Schicke weißes Licht an deine Lunge. Danke ihr für ihre Arbeit. Denke daran, deine Lunge arbeitet für dich. Sie strahlt nun in weißem Licht.
Schicke ihr deine Aufmerksamkeit und ein Lächeln!
Fühle wie dein Atem in die Lunge fließt. Die Farbe Weiß wird dir dabei bewusst. Du siehst wie die Farbe Weiß in dir strahlt. Atme dabei ruhig weiter.

Du kannst diese Meditation beenden, wann du es möchtest.
Stelle dein inneres Auge wieder auf deine Umgebung. Atme weiter. Ein und aus. Öffne deine Augen und nimm deine Umgebung wahr.
Atme tief ein und aus und werde so wieder wach.
Du bist nun wieder wach, frisch und total entspannt.

Recke und strecke dich, gähne, ruhig laut, wenn du magst. Dehne dich, du bist jetzt wach und wieder zurück im Alltag.

Still sitzend, nichts tuend
Kommt der Frühling,
und das Gras wächst von alleine.

Buddhistische Weisheit

- **Meditation der Vergebung**

Suche dir eine bequeme Position für die Entspannung. Setze dich bequem hin. Nimm deinen Körper wahr. Spüre den Boden oder das Kissen oder den Stuhl unter deinem Körper. Entspanne dich. Lege deine Arme locker neben deinen Körper oder auf deine Beine.

Der Atem fließt ruhig ein und aus. Ein und aus. Ein und aus. Es geht dir gut.
Du bist völlig ruhig und gelassen.
Gönne dir einige weitere Atemzüge. Ganz ruhig und gelassen. Spüre den Atem, der durch deinen Körper fließt.
Du kannst jetzt deine Augen schließen oder erst in einigen Augenblicken. Du brauchst die Augen nicht geöffnet halten. Entscheide du, was für dich am besten ist.
Und so kannst du dir einige wohltuende Atemzüge erlauben. Atme ruhig ein und aus. Ein und aus. Ein und aus. Spüre deinen Atem. Spüre wie der Atem durch deinen Körper fließt. Deine Atmung wird im-

mer ruhiger. Du bist völlig ruhig und gelassen.
Spüre wie deine Atmung kommt und geht.
Nimm wahr, wie der Atem durch deinen Körper fließt und ihn dann wieder verlässt.
Mit jedem Atemzug wirst du ruhiger und entspannter.
Vergebung.
Denke an das Wort Vergebung.
Was bedeutet dieses Wort für dich?
Was bedeutet Vergebung für dich?
Was bedeutet Vergebung für dein Leben?

Fühle jetzt in deinen Körper hinein. Gehe durch deinen Körper, in Gedanken. Beginne bei den Füßen, den Beinen, gehe dann zum Bauch, zur Brust, zum Kopf hin.
Spüre hier Vergebung.
Wie fühlt sich dein Körper bei dem Wort Vergebung an?
Sprich mit deinem Körper.
Sprich mit deiner Lunge: Ich vergebe dir, liebe Lunge. Ich vergebe mir selbst.
Sprich mit deinem Herzen: Ich vergebe dir, liebes Herz. Ich vergebe mir selbst.
Wie fühlt es sich an, wenn man sich selbst vergibt?

Lass es einfach geschehen. Vergebe dir und vergebe deinem Körper. Vergebe deinen Körperteilen.
Verbinde diese Vergebung mit einer angenehmen Wärme.
Spüre wie die Wärme durch deinen Körper zieht und Vergebung verbreitet.
Atme dabei ruhig und entspannt.
Spüre deinen Atem. Auch er fließt durch die Vergebung durch den Körper.
Lass es einfach geschehen.
Vergebe dir!

Du kannst diese Meditation beenden, wann du es möchtest.
Stelle dein inneres Auge wieder auf deine Umgebung. Atme weiter. Ein und aus.
Öffne deine Augen und nimm deine Umgebung wahr.
Atme tief ein und aus und werde so wieder wach.
Du bist nun wieder wach, frisch und total entspannt.

Recke und strecke dich, gähne, ruhig laut, wenn du magst. Dehne dich, du bist jetzt wach und wieder zurück im Alltag.

- **Meditation zur Liebe**

Suche dir eine bequeme Position für die Entspannung. Setze dich bequem hin. Nimm deinen Körper wahr. Spüre den Boden oder das Kissen oder den Stuhl unter deinem Körper. Entspanne dich. Lege deine Arme locker neben deinen Körper oder auf deine Beine.

Der Atem fließt ruhig ein und aus. Ein und aus. Ein und aus. Es geht dir gut.
Du bist völlig ruhig und gelassen.
Gönne dir einige weitere Atemzüge. Ganz ruhig und gelassen. Spüre den Atem, der durch deinen Körper fließt.
Du kannst jetzt deine Augen schließen oder erst in einigen Augenblicken. Du

brauchst die Augen nicht geöffnet halten.
Entscheide du, was für dich am besten ist.
Und so kannst du dir einige wohltuende Atemzüge erlauben. Atme ruhig ein und aus. Ein und aus. Ein und aus. Spüre deinen Atem. Spüre wie der Atem durch deinen Körper fließt. Deine Atmung wird immer ruhiger. Du bist völlig ruhig und gelassen.
Spüre wie deine Atmung kommt und geht.
Nimm wahr, wie der Atem durch deinen Körper fließt und ihn dann wieder verlässt.
Mit jedem Atemzug wirst du ruhiger und entspannter.

Stelle dir Liebe vor. Was bedeutet das Wort Liebe für dich?
Wirst du geliebt?
Wen liebst du?
Liebst du dich selbst?
Atme ruhig und entspannt weiter.
Stelle dir vor, eine unendliche Liebe durchströmt dich und deinen Körper.
In jede Pore und in jede Zelle dringt diese Liebe ein.

Sie wird von einer wohligen Wärme begleitet.

Du bist voller Liebe und ein Glücksgefühl durchströmt dich und deinen Körper.

Denke immer wieder: Ich liebe mich. Ich liebe mich. Ich liebe mich.

Und mit jedem Wort Liebe geht es dir immer besser und besser.

Ich liebe mich. Ich liebe meinen Körper. Ich liebe mich so, wie ich bin.

Ich liebe mich so, wie ich aussehe. Ich liebe mich.

Du kannst diese Meditation beenden, wann du es möchtest.

Stelle dein inneres Auge wieder auf deine Umgebung. Atme weiter. Ein und aus. Öffne deine Augen und nimm deine Umgebung wahr.

Atme tief ein und aus und werde so wieder wach.

Du bist nun wieder wach, frisch und total entspannt.

Recke und strecke dich, gähne, ruhig laut, wenn du magst. Dehne dich, du bist jetzt wach und wieder zurück im Alltag.
Und du liebst dich!

Wenn man die Ruhe nicht in sich
selbst findet,
ist es umsonst,
sie anderswo zu suchen.

Francois de la Rochefoucauld

❖ **Baum - Meditation**

Suche dir einen Baum. Einen Baum, der dir gefällt. Einen Baum in deiner Nähe, zu dem du ganz einfach gehen kannst.

Du kannst nun frei entscheiden, ob du deine Meditation vor dem Baum, unter dem Baum oder direkt am Baum machen möchtest.

Viel Kraft gibt der Baum ab, indem du dich direkt an den Stamm legst, dabei kannst du vielleicht die Arme ausbreiten, so als würdest du den Baum umarmen wollen.

Suche dir eine bequeme Position für die Meditation. Setze dich bequem hin. Nimm deinen Körper wahr. Spüre den Boden unter deinen Füßen. Entspanne dich.

Der Atem fließt ruhig ein und aus. Ein und aus. Ein und aus. Es geht dir gut.
Du bist völlig ruhig und gelassen.
Gönne dir einige weitere Atemzüge. Ganz ruhig und gelassen. Spüre den Atem, der durch deinen Körper fließt.
Du kannst jetzt deine Augen schließen oder erst in einigen Augenblicken. Du brauchst die Augen nicht geöffnet halten. Entscheide du, was für dich am besten ist.
Und so kannst du dir einige wohltuende Atemzüge erlauben. Atme ruhig ein und aus. Ein und aus. Ein und aus. Spüre deinen Atem. Spüre wie der Atem durch deinen Körper fließt. Deine Atmung wird immer ruhiger. Du bist völlig ruhig und gelassen.
Spüre wie deine Atmung kommt und geht.
Nimm wahr, wie der Atem durch deinen Kör-per fließt und ihn dann wieder verlässt.

Mit jedem Atemzug wirst du ruhiger und entspannter.

Nimm nun Kontakt zu deinem Baum auf. Bitte ihn, dir Kraft zu geben. Danke ihm für seine Hilfe.

„Lieber Baum, gibt mir Kraft, damit ich richtig entscheiden kann."

„Lieber Baum, hilf mir auf meinem Weg durch den Alltag."

„Lieber Baum, ich danke dir, für deine Hilfe und deine Kraft."

Fühle mit deinen Fingern, wie die Energie des Baumes in dich eindringt.

Spüre, wie die Kraft des Baumes durch deine Finger zu dir kommt.

Sollten Gedanken aufkommen, so packe sie wieder in eine Wolke und lasse sie davonziehen. Die Gedanken kommen von ganz alleine zu dir zurück.

Du bist konzentriert und entspannt.

Denke nur an deinen Baum und an die Kraft, die von ihm ausgeht.

Danke dem Baum für seine Hilfe.

Du kannst diese Meditation beenden, wann du es möchtest.

Atme weiter. Ein und aus. Öffne deine Augen und nimm deine Umgebung wahr.
Schaue noch einmal hoch in die Krone deines Baumes.
Atme tief ein und aus und werde so wieder wach.
Du bist nun wieder wach, frisch und total entspannt.

Recke und strecke dich, gähne, ruhig laut, wenn du magst. Dehne dich, du bist jetzt wach und wieder zurück im Alltag.
Du bist völlig ruhig und gelassen.

Es gibt keinen Weg zum Glück,
glücklich sein ist der Weg.

Buddha

- **Vollmond-Meditation**

Diese Meditation ist sehr intensiv, was natürlich am Mond liegt.
Wenn möglich mache diese Meditation im Freien, also Im Garten, im Park oder auf dem Balkon.
Sonst kannst du es auch vor dem geöffneten Fenster machen.
Ich spreche in den Anleitungen immer davon, dass du deine Augen schließen kannst, wenn du möchtest. Natürlich gilt dieses auch hier. Besser ist es bei einer Vollmondmeditation jedoch, die Augen geöffnet zu lassen und den Mond anzusehen.

Suche dir eine bequeme Position für die Meditation. Setze dich bequem hin. Nimm deinen Körper wahr. Spüre den Boden unter deinen Füßen. Entspanne dich.

Der Atem fließt ruhig ein und aus. Ein und aus. Ein und aus. Es geht dir gut.

Du bist völlig ruhig und gelassen.
Gönne dir einige weitere Atemzüge. Ganz ruhig und gelassen. Spüre den Atem, der durch deinen Körper fließt.
Sollten Gedanken aufkommen, lasse sie wie eine Wolke am Himmel davon ziehen. Sie werden nach der Meditation zu dir zurückkehren.
Du bist völlig ruhig und gelassen.
Richte deine Aufmerksamkeit jetzt auf den Mond.
Blicke direkt zu ihm und spüre seine Energie.
Denke an deinen Wunsch, der sich erfüllen soll.
Bitte den Mond um Hilfe, damit sich dein Wunsch erfüllt.
Beschreibe deinen Wunsch ganz genau, damit sich auch der richtige Wunsch erfüllt.
„Lieber Mond, hilf mir, damit sich mein Wunsch erfüllt."
„Lieber Mond, gib mir die Kraft, die ich benötige."
Bedanke dich bei dem Mond für seine Hilfe.
Atme dabei immer entspannt weiter.

Ein und aus. Ein und aus. Ein und aus.
Du bist völlig ruhig und gelassen.
Der Mond wirft seine Strahlen auf dich und gibt dir Kraft, Ruhe, Ausdauer und was immer du dir von ihm erbittest.
Lass die Kraft des Mondes in dich ziehen und dir Kraft geben.
Der Mond ist dein Freund. Der Mond hilft dir. Der Mond gibt dir Kraft.
„Lieber Mond, hilf mir, damit sich mein Wunsch erfüllt."

Du kannst diese Meditation beenden, wann du es möchtest.
Atme weiter. Ein und aus. Nimm nun deine Umgebung wahr.
Atme tief ein und aus und werde so wieder wach.
Du bist nun wieder wach, frisch und total entspannt.

Recke und strecke dich, gähne, ruhig laut, wenn du magst. Dehne dich, du bist jetzt wach und wieder zurück im Alltag.
Du bist völlig ruhig und gelassen.

*Je weniger Dinge man auf Erden
wichtig nimmt,
desto näher kommt man den wirklich wichtigen Dingen.*

Federico Garcia Lorca

5.9 Autogenes Training

Wie schon erwähnt, am Anfang ist es etwas „sonderbar" mit diesen Sätzen zu arbeiten. Sie haben sich jedoch bewährt und werden überall, wo AT praktiziert wird, so eingesetzt.

❖ **Übung 1**

Suche dir einen ruhigen Raum und setze oder lege dich bequem hin, sodass du in dieser Stellung verweilen kannst.

Beginne dann mit der Übung:

„Ich bin völlig ruhig und gelassen.
Arme ganz schwer, ganz schwer, schwer.
Arme ganz schwer, ganz schwer, schwer.
Ich bin völlig ruhig und gelassen.
Beine ganz schwer, ganz schwer, schwer.
Beine ganz schwer, ganz schwer, schwer.

Ich bin völlig ruhig und gelassen.

Hände ganz warm, ganz warm, warm.
Hände ganz warm, ganz warm, warm.
Ich bin völlig ruhig und gelassen.
Füße ganz warm, ganz warm, warm.
Füße ganz warm, ganz warm, warm.
Ich bin völlig ruhig und gelassen.
Ich ruhe in mir.
Ich bin entspannt.

Danach kannst du dich räkeln und schütteln und einige tiefe Atemzüge nehmen.
Du darfst diese Übung gerne mehrfach hintereinander machen. Und du darfst diese Übung gerne auch mehrfach am Tag machen.

Eine gute Idee ist es, die Übung abends im Bett zu machen.

❖ **Übung 2**

Suche dir einen ruhigen Raum und setze oder lege dich bequem hin, sodass du in dieser Stellung verweilen kannst.

Beginne dann mit der Übung:

„Ich bin völlig ruhig und gelassen.
Arme ganz schwer, ganz schwer, schwer.
Arme ganz schwer, ganz schwer, schwer.
Ich bin völlig ruhig und gelassen.
Beine ganz schwer, ganz schwer, schwer.
Beine ganz schwer, ganz schwer, schwer.
Ich bin völlig ruhig und gelassen.

Hände ganz warm, ganz warm, warm.
Hände ganz warm, ganz warm, warm.
Ich bin völlig ruhig und gelassen.
Füße ganz warm, ganz warm, warm.
Füße ganz warm, ganz warm, warm.
Ich bin völlig ruhig und gelassen.

Atmung ruhig und gleichmäßig, ruhig und gleichmäßig, es atmet mich.

Atmung ruhig und gleichmäßig, ruhig und gleichmäßig, es atmet mich.
Ich bin völlig ruhig und gelassen.
Herz ruhig und gleichmäßig, ruhig und gleichmäßig, ruhig und gelichmäßig.
Herz ruhig und gleichmäßig, ruhig und gleichmäßig, ruhig und gelichmäßig.
Ich bin völlig ruhig und gelassen.

Sonnengeflecht strömend warm, strömend warm, strömend warm.
Sonnengeflecht strömend warm, strömend warm, strömend warm.
Ich bin völlig ruhig und gelassen.

Danach kannst du dich räkeln und schütteln und einige tiefe Atemzüge nehmen.
Du darfst diese Übung gerne mehrfach hinter-einander machen. Und du darfst diese Übung gerne auch mehrfach am Tag machen.

Eine gute Idee ist es, die Übung abends im Bett zu machen.

*Man sollte nicht Zeitvertreib,
sondern Zeitgenuss sagen!*

Jean Paul

❖ **Übung 3**

Suche dir einen ruhigen Raum und setze oder lege dich bequem hin, sodass du in dieser Stellung verweilen kannst.

Beginne dann mit der Übung:

„Ich bin völlig ruhig und gelassen.
Arme ganz schwer, ganz schwer, schwer.
Arme ganz schwer, ganz schwer, schwer.
Ich bin völlig ruhig und gelassen.
Beine ganz schwer, ganz schwer, schwer.
Beine ganz schwer, ganz schwer, schwer.
Ich bin völlig ruhig und gelassen.

Hände ganz warm, ganz warm, warm.
Hände ganz warm, ganz warm, warm.
Ich bin völlig ruhig und gelassen.
Füße ganz warm, ganz warm, warm.

Füße ganz warm, ganz warm, warm.
Ich bin völlig ruhig und gelassen.

Atmung ruhig und gleichmäßig, ruhig und gleichmäßig, es atmet mich.
Atmung ruhig und gleichmäßig, ruhig und gleichmäßig, es atmet mich.
Ich bin völlig ruhig und gelassen.
Herz ruhig und gleichmäßig, ruhig und gleichmäßig, ruhig und gelichmäßig.
Herz ruhig und gleichmäßig, ruhig und gleichmäßig, ruhig und gleichmäßig.
Ich bin völlig ruhig und gelassen.

Sonnengeflecht strömend warm, strömend warm, strömend warm.
Sonnengeflecht strömend warm, strömend warm, strömend warm.
Ich bin völlig ruhig und gelassen.

Schulter und Nacken gelöst und angenehm war, gelöst und angenehm warm, gelöst und angenehm warm.
Schulter und Nacken gelöst und angenehm war, gelöst und angenehm warm, gelöst und angenehm warm.
Ich bin völlig ruhig und gelassen.

Stirn angenehm kühl, angenehm kühl, angenehm kühl.
Stirn angenehm kühl, angenehm kühl, angenehm kühl.
Ich bin völlig ruhig und gelassen.

Der ganze Körper ist entspannt.
Ich bin total entspannt.
Ich ruhe in mir. Ich bin völlig ruhig und gelassen.

Danach kannst du dich räkeln und schütteln und einige tiefe Atemzüge nehmen.
Du darfst diese Übung gerne mehrfach hinter-einander machen. Und du darfst diese Übung gerne auch mehrfach am Tag machen.
Eine gute Idee ist es, die Übung abends im Bett zu machen.

- **Übung 4**

Suche dir einen ruhigen Raum und setze oder lege dich bequem hin, sodass du in dieser Stellung verweilen kannst.

Beginne dann mit der Übung:

Ich bin völlig ruhig und gelassen.
Arme ganz schwer, ganz schwer, schwer.
Arme ganz schwer, ganz schwer, schwer.
Ich bin völlig ruhig und gelassen.
Beine ganz schwer, ganz schwer, schwer.
Beine ganz schwer, ganz schwer, schwer.
Ich bin völlig ruhig und gelassen.

Hände ganz warm, ganz warm, warm.
Hände ganz warm, ganz warm, warm.
Ich bin völlig ruhig und gelassen.
Füße ganz warm, ganz warm, warm.
Füße ganz warm, ganz warm, warm.
Ich bin völlig ruhig und gelassen.

Atmung ruhig und gleichmäßig, ruhig und gleichmäßig, es atmet mich.

Atmung ruhig und gleichmäßig, ruhig und gleichmäßig, es atmet mich.
Ich bin völlig ruhig und gelassen.
Herz ruhig und gleichmäßig, ruhig und gleichmäßig, ruhig und gelichmäßig.
Herz ruhig und gleichmäßig, ruhig und gleichmäßig, ruhig und gelichmäßig.
Ich bin völlig ruhig und gelassen.

Sonnengeflecht strömend warm, strömend warm, strömend warm.
Sonnengeflecht strömend warm, strömend warm, strömend warm.
Ich bin völlig ruhig und gelassen.

Schulter und Nacken gelöst und angenehm war, gelöst und angenehm warm, gelöst und angenehm warm.
Schulter und Nacken gelöst und angenehm war, gelöst und angenehm warm, gelöst und angenehm warm.
Ich bin völlig ruhig und gelassen.

Stirn angenehm kühl, angenehm kühl, angenehm kühl.
Stirn angenehm kühl, angenehm kühl, angenehm kühl.

Ich bin völlig ruhig und gelassen.

Hier füge jetzt deinen Wunschsatz ein:
Beispiel:

Ich schaffe meine Prüfung.
(12 x wiederholen)

Ich bin völlig ruhig und gelassen.

Arme und Beine ganz schwer und warm, ganz schwer und warm, schwer und warm.
Arme und Beine gelöst und angenehm warm, gelöst und angenehm warm, gelöst und angenehm warm.

Ich bin völlig ruhig und gelassen.
Herz und Atmung ruhig und gleichmäßig, ruhig und gleichmäßig, es atmet mich.
Sonnengeflecht strömend warm, strömend warm, strömend war.
Ich bin völlig ruhig und gelassen.
Nacken und Schultern angenehm warm, angenehm warm, angenehm warm.
Stirn angenehm kühl, angenehm kühl, angenehm kühl.

Ich bin völlig ruhig und gelassen.

Ich schaffe meine Prüfung.
Ich schaffe meine Prüfung.
Ich schaffe meine Prüfung.
Ich bin völlig ruhig und gelassen.

Der ganze Körper ist entspannt.
Ich bin total entspannt.
Ich ruhe in mir. Ich bin völlig ruhig und gelassen.

*Hast du es eilig,
so mache einen Umweg.*

Zen-Weisheit

Kurzanleitung und Zusammenfassung für die Übungen

Schwereübung: Beispiel:
Bitte jeweils 3 – mal sprechen

Ich bin völlig ruhig und entspannt
Mein rechter Arm ist schwer
Ich bin völlig ruhig und entspannt
Mein linker Arm ist schwer
Ich bin völlig ruhig und entspannt
Arme und Beine sind schwer
Ich bin völlig ruhig und entspannt
Mein ganzer Körper ist schwer
Ich bin völlig ruhig und entspannt

Recken, Strecken, Wachwerden.
Tief ein- und ausatmen.

Wärmeübung: Beispiel
Bitte jeweils 3 – mal sprechen

Ich bin völlig ruhig und entspannt
Mein rechter Arm ist warm

Ich bin völlig ruhig und entspannt
Mein linker Arm ist warm
Ich bin völlig ruhig und entspannt
Arme und Beine sind warm
Ich bin völlig ruhig und entspannt
Mein ganzer Körper ist warm
Ich bin völlig ruhig und entspannt

Recken, Strecken, Wachwerden.
Tief ein- und ausatmen.

Atemübung: Beispiel
Bitte jeweils 3 – mal sprechen

Ich bin völlig ruhig und entspannt
Meine Atmung ist ganz ruhig und gleichmäßig
Ich bin völlig ruhig und entspannt

Recken, Strecken, Wachwerden.
Tief ein- und ausatmen.

Herzübung: Beispiel
Bitte jeweils 3 – mal sprechen

Ich bin völlig ruhig und entspannt

Mein Herz schlägt ruhig und gleichmäßig
Ich bin völlig ruhig und entspannt
Recken, Strecken, Wachwerden.
Tief ein- und ausatmen.

Sonnengeflecht: Beispiel
Bitte jeweils 3 – mal sprechen

Ich bin völlig ruhig und entspannt
Sonnengeflecht strömend warm.
Ich bin völlig ruhig und entspannt

Recken, Strecken, Wachwerden.
Tief ein- und ausatmen.

Stirnübung: Beispiel
Bitte jeweils 3 – mal sprechen

Ich bin völlig ruhig und entspannt
Stirn, angenehm kühl
Ich bin völlig ruhig und entspannt

Recken, Strecken, Wachwerden.
Tief ein- und ausatmen.

5.10 Progressive Muskelentspannung

❖ **Übung 1**

Suche eine bequeme Position. Bereite dich mit einigen kleinen Atemübungen vor.

1)
Richte deine Aufmerksamkeit auf deine Arme und Hände.
Atme dabei gleichmäßig weiter. Ein und aus.
Spanne nun die Muskulatur an, wenn ich dich auffordere.

Anspannen jetzt.
Nimm die Anspannung wahr.
Loslassen.
Fühle in die Entspannung und nimm sie bewusst wahr.
Sollte noch eine Restspannung vorhanden sein, löse sie jetzt.

2)
Richte deine Aufmerksamkeit auf deinen Kopf und deinen Nacken.

Atme gleichmäßig weiter. Ein und aus.
Spanne nun die Muskulatur an, wenn ich dich auffordere.
Anspannen jetzt.
Loslassen.
Fühle in die Entspannung und nimm sie bewusst wahr.
Sollte noch eine Restspannung vorhanden sein, löse sie jetzt.

3)
Richte deine Aufmerksamkeit auf deinen Rumpf, Schultern, Bauch und Beckenbereich.
Atme gleichmäßig weiter. Ein und aus.
Spanne nun die Muskulatur an, wenn ich dich auffordere.
Anspannen jetzt.
Loslassen.
Fühle in die Entspannung und nimm sie bewusst wahr.
Sollte noch eine Restspannung vorhanden sein, löse sie jetzt.

4)
Richte deine Aufmerksamkeit jetzt auf deine Beine und Füße.

Atme gleichmäßig weiter. Ein und aus.
Spanne nun die Muskulatur an, wenn ich dich auffordere.
Anspannen jetzt.
Loslassen.
Fühle in die Entspannung und nimm sie bewusst wahr.
Sollte noch eine Restspannung vorhanden sein, löse sie jetzt.

Es wäre dumm.
Sich über die Welt zu ärgern,
SIE kümmert sich nicht darum.

Mark Aurel

- **Übung 2**

Suche eine bequeme Position. Bereite dich mit einigen kleinen Atemübungen vor.

1)
Richte deine Aufmerksamkeit auf deine rechte Hand und deinen rechten Arm.

Atme gleichmäßig weiter. Ein und aus.
Spanne nun die Muskulatur an, wenn ich dich auffordere.
Anspannen jetzt.
Loslassen.
Fühle in die Entspannung und nimm sie bewusst wahr.
Sollte noch eine Restspannung vorhanden sein, löse sie jetzt.

2)
Richte deine Aufmerksamkeit auf deine linke Hand und deinen linken Arm.

Atme gleichmäßig weiter. Ein und aus.

Spanne nun die Muskulatur an, wenn ich dich auffordere.

Anspannen jetzt.

Loslassen.

Fühle in die Entspannung und nimm sie bewusst wahr.

Sollte noch eine Restspannung vorhanden sein, löse sie jetzt.

3)

Richte deine Aufmerksamkeit jetzt auf deinen Kopf.

Atme gleichmäßig weiter. Ein und aus.

Spanne nun die Muskulatur an, wenn ich dich auffordere.

Anspannen jetzt.

Loslassen.

Fühle in die Entspannung und nimm sie bewusst wahr.

Sollte noch eine Restspannung vorhanden sein, löse sie jetzt.

4)
Richte deine Aufmerksamkeit auf deinen Hals und Nacken.

Atme gleichmäßig weiter. Ein und aus.
Spanne nun die Muskulatur an, wenn ich dich auffordere.
Anspannen jetzt.
Loslassen.
Fühle in die Entspannung und nimm sie bewusst wahr.
Sollte noch eine Restspannung vorhanden sein, löse sie jetzt.

5)
Richte deine Aufmerksamkeit jetzt auf deine Schultern, deine Brust, den Bauch und den Beckenbereich.

Atme gleichmäßig weiter. Ein und aus.
Spanne nun die Muskulatur an, wenn ich dich auffordere.
Anspannen jetzt.
Loslassen.
Fühle in die Entspannung und nimm sie bewusst wahr.

Sollte noch eine Restspannung vorhanden sein, löse sie jetzt.

6)
Richte deine Aufmerksamkeit auf dein rechtes Bein und deinen rechten Fuß.

Atme gleichmäßig weiter. Ein und aus.
Spanne nun die Muskulatur an, wenn ich dich auffordere.
Anspannen jetzt.
Loslassen.
Fühle in die Entspannung und nimm sie bewusst wahr.
Sollte noch eine Restspannung vorhanden sein, löse sie jetzt.

7)
Richte deine Aufmerksamkeit auf dein linkes Bein und deinen linken Fuß.

Atme gleichmäßig weiter. Ein und aus.
Spanne nun die Muskulatur an, wenn ich dich auffordere.
Anspannen jetzt.

Loslassen.
Fühle in die Entspannung und nimm sie bewusst wahr.
Sollte noch eine Restspannung vorhanden sein, löse sie jetzt.

*Nichts ist so beständig,
wie der Wandel.*

Heraklit

❖ **Übung 3 – Kieferübung**

Suche eine bequeme Position. Bereite dich mit einigen kleinen Atemübungen vor. Richte deine Aufmerksamkeit auf deinen Unterkiefer. Bewege ihn leicht hin und her, lockere ihn und spüre dabei, wie sich dein Kiefer bewegt.
Nun massiere ganz leicht deinen Nacken, Hals, die Schultern, die Schläfe und die Kieferregion. Nur ganz leicht bitte!
Nun starten wir:

Denke daran, dass du während der Übung immer entspannt weiteratmest!

Mach bitte alle Abschnitte zweimal!

Schultern hochziehen, als würdest du sie zu den Ohren bringen wollen
Halten, locker lassen, nachspüren

Schulterblätter nach hinten bringen und dann sanft versuchen, sie zusammen zu bringen – geht nicht-klar!

Halten, locker lassen, nachspüren

Führe dein Kinn in Richtung Brust, ohne dass es deine Brust berührt
Halten, locker lassen, nachspüren

Rümpfe nun deine Nase und schließe seine Augen, indem du sie zusammendrückst
Halten, locker lassen, nachspüren

Öffne deinen Mund und mache ihn spitz, als wolltest du pfeifen
Halten, locker lassen, nachspüren

Öffne deinen Mund, indem du ihn ganz schmal machst und in die Breite ziehst, dabei drücke deine Augen fest zusammen.
Halten, locker lassen, nachspüren

Drücke deine Zunge festgegen den Gaumen
Halten, locker lassen, nachspüren.

Wiederhole diese Übung mindestens zweimal.

❖ **Übung 4 - Kieferübung – Kurzform für Zwischendurch**

Diese Übung kann man überall zwischendurch anwenden. Im Auto, auf der Arbeit, auf dem stillen Örtchen…..
Immer, wenn du merkst, du bist im Kieferbereich verspannt, schnell ein paar kleine Übungen machen!
Ich habe mit dieser Kurzübung meine Kieferprobleme verbannt!!
Du schaffst es auch!

Tief ein- und ausatmen
Kiefer lockern
Mund spitz machen und fest anspannen
Halten, locker machen, nachspüren

Mund schmal und breit machen und fest anspannen
Halten, locker machen, nachspüren

Wiederhole diese Übung mehrfach, bis du die Entspannung fühlst

- **Übung 5**

In dieser Profiübung gibt es einige Neuerungen. Wenn du möchtest, kannst du sie übernehmen.
Am besten mache vorher wieder eine Trockenübung.

„Anspannen jetzt": es bedeutet, du spannst den entsprechenden Körperteil automatisch an. Dabei atmest du immer weiter. Nimm die Anspannung bewusst wahr.

„Lockerlassen": es bedeutet, du löst die Anspannung und atmest weiter. Spüre wir die Entspannung kommt.

****

Suche dir einen ruhigen Raum und setze oder lege dich bequem hin, sodass du in dieser Stellung verweilen kannst.

Beginne dann mit der Übung:

„Ich bin völlig ruhig und gelassen.

1.)
Gehe mit deiner Aufmerksamkeit zu deiner rechten Hand und zu deinem rechten Unterarm.
Anspannen jetzt.
Lockerlassen.
Löse alle Anspannungen, die noch vorhanden sind.

2.)
Gehe mit deiner Aufmerksamkeit zu deinem rechten Oberarm.
Drücke deinen Oberarm an deinen Körper heran, Hand und Unterarm dabei locker lassen.
Anspannen jetzt.
Lockerlassen.

Löse alle Anspannungen, die noch vorhanden sind.

3.)
Gehe mit deiner Aufmerksamkeit zur linken Hand und zum linken Unterarm.

Mache eine Faust und spanne so alle Muskeln an.
Anspannen jetzt.
Lockerlassen.

Löse alle Anspannungen, die noch vorhanden sind.

4.)
Aufmerksamkeit geht zum linken Oberarm.
Anwinkeln, wie bei rechter Seite.
Anspannen jetzt.
Lockerlassen.

5.)
Die Aufmerksamkeit geht zur Stirn.
Die Augenbrauen nach oben ziehen.
Anspannen jetzt.
Lockerlassen.

6.)
Aufmerksamkeit zum mittleren Gesichtsteil.
Augen fest schließen und die Nase rümpfen.

Anspannen jetzt.
Lockerlassen.

7.)
Unterer Gesichtsbereich.
Lippen spitz machen und Zähne sanft zusammendrücken.
Anspannen jetzt.
Lockerlassen.

8.)
Aufmerksamkeit in den Nacken.
Dabei Kinn leicht zur Brust führen- ohne Kontakt.
Anspannen jetzt.
Lockerlassen.

9.)
Achte auf Schultern und Rücken und Brustbereich – oberer Teil.
Anspannen jetzt.
Lockerlassen.

10.)
Aufmerksamkeit geht zum Bauch.
Anspannen jetzt.

Lockerlassen.

11.)
Beckenboden und Gesäß.
Am besten beides zusammenziehen.
Anspannen jetzt.
Loslassen.

12.)
Oberschenkel rechts.
Anspannen jetzt.
Lockerlassen.

13.)
Rechter Unterschenkel
Anspannen jetzt.
Loslassen.

14.)
Rechter Fuß.
Strecken und Zehe beugen.
Anspannen jetzt.
Lockerlassen.

15.)
Oberschenkel links.
Anspannen jetzt.
Lockerlassen.

16.)
Linker Unterschenkel.
Anspannen jetzt.
Lockerlassen.

17.)
Linker Fuß.
Anspannen jetzt.
Loslassen.

Löse alle Anspannungen, die noch vorhanden sind. Gehe noch einmal zu allen Körperteilen und spüre die Entspannung!

Und vergesse das Atmen nicht!

Das Schönste ist Harmonie.

Pythagoras von Samos

5.12 Spezielle Übungen

Der Körper - Scan

Diese Übung kann wirklich jeder machen. Während einer Pause oder am Abend im Bett.
Tipp: wer Einschlafstörungen hat, sollte unbedingt den Körper-Scan (oder Body-Scan) probieren!!

Suche dir eine bequeme Position, am besten im Liegen.
Deine Arme und Beine liegen ganz locker und gelöst auf dem Untergrund. Solltest du sitzen, lege die Hände locker auf die Armlehne oder Oberschenkel.
Schaue einfach, dass du eine bequeme Position findest damit du einige Minuten ruhig liegen oder sitzen kannst.

Der Atem fließt ruhig ein und aus. Ein und aus. Ein und aus.
Nimm dir Zeit, dich zu entspannen.

Lass es dir gut gehen.
Komme mit deiner Aufmerksamkeit zu dir.
Du kannst jetzt deine Augen schließen oder auch erst später, entscheide selbst, was für dich richtig ist.

Gehe mit deinem Gespür in deinen Körper. Gehe nach Innen. Spüre, wie dein Körper auf dem Bett liegt und Kontakt zur Unterlage hat.
Entspanne dich jetzt.
Atme ruhig und gleichmäßig ein und aus.
Ein und aus.
Es kann sein, dass ein Teil von dir leichter wird, ein anderer Teil vielleicht schwerer.
Lass es geschehen.
Du bist völlig ruhig und gelassen.
Gedanken können da sein, sie kommen und gehen. Lasse sie ziehen, wie Wolken am Himmel.
Und erlaube dir einige wohltuende Atemzüge. Atme ein und aus. Ein und aus.
Bei jedem Einatmen gehst du tiefer und tiefer in die Entspannung.
Bei jedem Ausatmen entspannst du mehr du mehr.
Nimm deinen Atem wahr.

Spüre wie du mit jedem Atemzug ruhiger wirst.
Du bist völlig ruhig und gelassen.

Richte nun deine Aufmerksamkeit auf deinen Körper.
Nimm ihn wahr, als Ganzes.
Spüre, wie sich dein Körper anfühlt.
Spüre an welchen Stellen dein Körper das Bett oder den Stuhl berührt.
Dabei atme immer entspannt weiter. Ein und aus.
Achte auf deine Atmung.
Spüre wie der Atem kommt und geht.
Du spürst den Atem in Nase, am Nasenflügel, im Rachen, im Brustkorb.
Mit jedem Atemzug wirst du ruhiger und entspannter.
Wir gehen jetzt weiter durch deinen Körper.
Lenke die Aufmerksamkeit nun auf deine Füße. Spüre den linken Fuß und die Zehe.
Nimm deine Zehe wahr, ohne sie zu bewegen.
Spüre dann den rechten Fuß und die rechten Zehe.
Urteile nicht über deinen Körper.

Lenke nur liebevoll deine Aufmerksamkeit auf deinen Körper.

Spüre jeden einzelnen Zeh und danach die Zwischenräume der Zehe.

Spüre den Mittelfuß, die Ferse, den Fußballen und die Hacke.

Dabei atmest du immer ein und aus. Ganz entspannt, ein und aus.

Gehe weiter zu deinem Fußgelenk, rechts und links.

Nimm deinen Fuß als Ganzes wahr.

Gehe nun weiter mit deiner Aufmerksamkeit zu deinem Unterschenkel, rechts und links. Fühle deine Waden, deine Schienbeine. Dann gehe weiter hinauf zu deinem Knie, rechts und links.

Nimm deine Kniescheiben wahr, danach die Kniekehle. Spüre wie sie auf dem Bett liegen.

Gehe jetzt weiter, spüre deine Oberschenkel, zuerst rechts, dann links. Gehe weiter zu deinen Leisten, zur Innenseite deiner Hüfte, dann zur Außenseite deiner Hüfte.

Spüre nun noch einmal deinen Körper vom Fuß bis zur Hüfte.

Spüre dein Becken, deinen Rücken und deinen Bauch.

Atme dabei ruhig ein und aus. Ein und aus. Ein und aus.

Gehe weiter auf deiner Reise über deinen Körper.

Spüre den ganzen Rücken, den Bauch, die Brust und deinen Schultern.

Wie fühlt sich dein Körper an?

Gehe weiter an den Armen entlang.

Der rechte Oberarm, der Unterarm, das Handgelenk. Dann deine Hand.

Spüre wie der Arm aufliegt.

Wie fühlt sich dein Arm an?

Gehe jetzt zur linken Seite.

Der Oberarm, der Unterarm, das Handgelenk und deine Hand.

Spüre jeden deiner Finger an der Hand.

Zuerst links, dann rechts.

Du bist völlig ruhig und entspannt.

Gehe jetzt weiter zu deinem Hals.

Spüre wie er im Kissen liegt. Spüre wie sich der Kontakt anfühlt.

Dann gehe zu deinem Kopf.

Nimm deinen Hinterkopf wahr.

Deine Ohren, die Stirn, die Nase, den Mund, dein Kinn.

Nimm deine Wangen wahr, deine Augenbrauen, deine Lippen.
Nimm wahr, wie der Kopf im Bett liegt.
Spüre ihn.
Nun gehe mit deiner Aufmerksamkeit noch einmal zu deinen Füßen.
Und gehe dann Phase für Phase deines Körpers noch einmal durch.
Die Füße, deine Zehe, die Beine, dein Becken, dein Bauch, dein Rücken, gehe zur Brust, zur Rücken, dann zum Hals und zu deinen Armen und Händen. Zuletzt gehe zu deinem Kopf und spüre nun die Gesamtheit deines Körpers.
Du bist völlig ruhig und gelassen.
Atme tief ein und aus.
Folge deinem Atem durch deinen Körper.

Du kannst diese Übung beenden, wann du es möchtest.
Atme weiter. Ein und aus. Öffne deine Augen und nimm deine Umgebung wahr.
Atme tief ein und aus und werde so wieder wach.
Du bist nun wieder wach, frisch und total entspannt.

Recke und strecke dich, gähne. Dehne dich, du bist jetzt wach und wieder zurück im Alltag.
Du bist völlig ruhig und gelassen.

*Wer lächelt, statt zu toben,
ist immer der Stärkere.*

Weisheit aus Japan

❖ Übung mit Kindern

Am besten mit Kindern im Stehen oder im Sitzen üben.

*Was die Ebbe nimmt,
bringt die Flut wieder.*

Weisheit aus Afrika

Übung 1

Wir beginnen mit einer Atemübung.
Wir heben die Arme und Hände nach oben und atmen dabei tief ein.
Dann führen wir die Arme und Hände nach unten und atmen dabei aus.
Einige Male wiederholen.

Danach rufen wir ganz laut, wähle einen oder mehrere Sätze.
Passe die Sätze an das Alter der Kinder an.

„Ich bin total fit"
„Ich bin total wach."
„Ich bin ganz fit."
„Ich bin gut drauf."
„Ich fühle mich wohl."
„Es geht mir super."

Nun die Übung:

Jedem Wort wird eine bestimmt Bewegung zugeordnet.

Ich   -   Hände an die Unterschenkel
Bin   -   Hände auf die Oberschenkel
Total -   Hände auf den Brustkorb
Fit   -   Hände in die Höhe strecken

Jetzt wiederholen oder den Satz wechseln.
Das macht munter und es fördert die Konzentration des Kindes.

Übung 2 - Spiegelübung

Zuerst beginnen wir wieder mit einer Atemübung.

Wir heben die Arme und Hände nach oben und atmen dabei tief ein.
Dann führen wir die Arme und Hände nach unten und atmen dabei aus.
Einige Male wiederholen.

Dann stellen sich jeweils 2 Kinder gegenüber.
Oder Kind und Elternteil….

Person A führt in dem Spiel,
Person B macht alles nach.

Das kann nun alles sein, was dir einfällt.

> Im Kreis laufen
> Tanzen
> Arm heben und senken
> Hüpfen

- Gesichtsbewegungen – Grimassen ziehen
- Gelengbewegungen – in die Knie gehen

Nach einiger Zeit tauschen die Personen ihre Positionen. B wird dann als A der Führer, und A muss dann als B alles nachmachen.

Übung 3 – im Gehen

Suche dir einen Platz, an dem du mit dem Kind oder den Kindern gefahrlos gehen kannst.
Im Garten oder auf dem Spielplatz, oder in einem großen Raum bei dir im Haus.

Suche einen Weg aus in dem Raum, zum Beispiel im Kreis. Oder immer an den Wänden entlang.

Suche ein Ziel, wenn möglich.

Beispiel:

Tür am Ende des Raums.
Alle gehen nun im Kreis herum bis zu dieser Tür. Dann halten alle an und machen eine kurze Atemübung. Dann drehen sich alle um und gehen die Strecke in anderer Richtung zurück.

Übung 4- Bewegung

Entweder begleitet durch Musik, die allen gefällt. Oder eine Person macht etwas vor, die andern machen es nach.
Das geht immer mit zwei Personen, aber natürlich auch mit mehreren Personen.

Die Kinder können sich frei im Raum bewegen. Es sollte nicht gesprochen werden. Es sei denn, die Aufgabe fordert es.

Die Kinder können nun verschiede Aufgaben bekommen:

- ➤ Gehen wie ein Hund
- ➤ Lässig gehen
- ➤ Stolz gehen
- ➤ Gehen wie eine Schlange
- ➤ In Zeitlupe bewegen
- ➤ Ganz müde gehen
- ➤ Tanzen
- ➤ Gehen mit einem Stock im Rücken
- ➤ Hüpfen
- ➤ Kriechen

Denke dir weitere Möglichkeiten aus.

Mit Musik kann man dann auch noch das Spiel variieren: Musik an, wir gehen, Musik aus, wie bleiben alle stehen.

Zeit ist kostbarer als Gold.

Fernöstliche Weisheit

Übung 5 – Wachwerden!

Ohrmassage

Nimm deinen Ohren in die Hand und knete sie mit deinen Fingern.
Behutsam und schon mit etwas Druck.
Sie werden dadurch toll durchblutet und du wirst es spüren!

Geht auch am Schreibtisch

Übung 6

Diese Übung, oder Teile daraus, jede Stunde für 5 Minuten wirkt Wunder!

Schließe deine Augen.
Atme tief ein und aus. Ein und aus.
(ein immer durch die Nase, aus immer durch den Mund)
Deine Hände liegen dabei flach auf dem Schreibtisch (oder Boden, oder Tisch)
Atme ruhig weiter. Ein und aus.

Nun folgt ein kurzer Body Scan.
Ich spüre meine Füße, meine Beine, meinen Rumpf, meine Arme, meinen Nacken, die Schultern und den Kopf.
(geht ganz schnell, je öfter du es übst, je schneller stellt sich das Ergebnis ein)
Danach recke dich, strecke dich.
Du kannst auch mit den Füßen trampeln.
Prima ist auch aufzustehen und frische Luft zu schnappen- geht auch vor dem geöffneten Fenster!

Und atme ganz bewusst tief ein und tief aus!

Übung 6: Atempause für Energie

Diese Übung geht ganz schnell und hilft dir, deine Konzentration aufzubauen!

Lege deine Handflächen gegeneinander und führe sie so vor die Brust.
Presse sie leicht zusammen.
Deine Ellenbogen zeigen waagerecht nach außen.
Du kannst die Augen schließen, oder offen lassen.
Atme durch die Nase tief ein, der Bauch wölbt sich nach außen.
Atme durch den Mund wieder aus – der Bauch zieht sich nach innen

Muße ist der schönste Besitz von allen.

Sokrates

Übung 7 – schnelle Entspannung

Solltest du bei der Arbeit und tagsüber Kopfschmerzen bekommen, eine Tipp der hilft!
Damit kannst du schnell entspannen und negative Energie in positive Energie verwandeln!

Atme tief ein – dabei versuche bis 3 oder 4 zu zählen (Bauch nach außen)
Stelle dir eine Farbe deiner Wahl vor.
Atme diese Farbe ein…
Dann beim ausatmen versuchst du wieder bis 3 oder 4 zu zählen und schickst deine Farbe zum Kopf (bei Kopfschmerzen)

Mehrfach wiederholen!

Übung 8 – Dehnen

Das geht auch toll zwischendurch am Schreibtisch! Mehrfach anwenden.

Sitze gerade im Stuhl.
Neige deinen Kopf sanft nach links
(sollte es schmerzen, nicht darüber hinausgehen)
Den rechten Arm seitlich nach unten ziehen
Kurz so halten.
Dann die Seiten wechseln.
Kopf sanft nach rechts neigen,
linker Arm seitlich nach unten.

Übung 9 – Dehnen

Auch wieder für den Schreibtisch

Führe deine Hände hinter den Kopf und führe sie zusammen.
Deine Ellenbogen zeigen nach außen.
Führe deine Schulterblätter sanft zusammen.

Kurz halten.

Jetzt führe deine Ellenbogen nach vorne, so als sollten sie sich berühren.
Kurz halten.

Mehrfach wechseln.

Übung 10 –Dehnen

Am besten im Stehen!

Schüttle deine linke Hand aus und spüre wie es sich anfühlt.
Danach die rechte Hand.
Nachfühlen.
Dann den rechten Fuß ausschütteln.
Nachfühlen.
Und zum Schluss den linken Fuß, nachfühlen.

Diese Übung darfst du gerne mehrfach ausüben!

Erlauben Sie mir ein Wort zum Schluss!

Entspannung ist so wichtig wie atmen! Nutzen Sie alle Möglichkeiten, die Sie in Ihren Alltag einbauen können.
Steigern Sie sich langsam, stellen Sie Ihre Ansprüche an sich selbst nicht zu hoch.
Lernen Sie Ihre Entspannung durch tägliche Übung.

Wir können nur durch Übung lernen.

Der Mensch behält von Dingen

- die er liest - 10 %
- die er hört - 20 %
- die er sieht - 30 %
- die er sieht und hört 70 %
- die er selbst ausführt 90 %

(Quelle: Fokus 43/2002)

Daher wenden Sie das Gelesene immer wieder an, bauen Sie es in Ihren Alltag ein! Je mehr Praxis Sie erleben, je mehr wird sich das Erlernte bei Ihnen verinnerlichen und es gehört dann einfach zum Alltag dazu!

Sie haben jetzt zahlreiche Möglichkeiten der Entspannung kennengelernt. Suchen Sie sich Ihren Weg aus, auf dem Weg zur Entspannung. Es gibt durchaus auch andere Möglichkeiten, die Sie nun mit den neugelernten Übungen verknüpfen können. Ich denke da an einem Spaziergang im Wald oder am Strand.

Nutzen Sie das Erlernte und bauen Sie es in Ihren Alltag ein.

Ich wünsche Ihnen ausreichend Entspannung und alles Gute für Sie und Ihre Mitmenschen!

Herzlichst
Susanne Hottendorff

Die Autorin

Susanne Hottendorff ist in Hamburg geboren. Nach ihrer Ausbildung zur Bankkauffrau arbeitet sie 30 Jahre lang als Kundenberaterin bei der Hamburger Sparkasse. Im Jahr 2000 zogen sie und ihr Mann nach Südspanien, an die Atlantikküste Andalusiens. Hier begann Susanne Hottendorff mit dem Schreiben. Zuerst waren es Artikel in deutschsprachigen Magazinen, dann folgte das erste Buch. Erschienen sind u.a. seither zahlreiche Kriminalromane, die in Andalusien spielen, Kurzgeschichten und Fachbücher.
Susanne Hottendorff absolvierte in der Zwischenzeit eine Ausbildung zur Fachkosmetikerin, Heilpraktikerin, Psychologischen Beraterin und zur Entspannungs-

pädagogin. Sie ist Reiki Meisterin und hat sich mit dem Schamanismus beschäftigt.

Heute arbeitet sie in einer eigenen Praxis als Entspannungspädagogin, als Psychologische Beraterin und als Gesundheitsberaterin.

Besuchen Sie doch einmal die Homepage der Praxis und der Autorin:

www.beratungspraxis-kleeblatt.de
www.susanne-hottendorff.com
www.ich-will-gesundheit.de